粤港澳大湾区具有诸多得天独厚的优势，形成了具有强劲增长潜力的大湾区 IP。其特殊区位优势及现有经济和社会人文结构具有无可替代的 IP 价值。因此，粤港澳大湾区的发展（包括大湾区 IP 的深入打造），成为国家经济发展战略的重点，得到从中央到地方各级政府和经济部门的重视和推进。可以预料，粤港澳三地的发展将成为全国乃至全球经济发展的新经济引爆点。就像世界其他著名湾区一样，带动整个区域和整个国家的发展，甚至成为特殊时期的新经济增长点，带动全球经济的发展和上升。

粤港澳大湾区的建设成为国家级战略，标志着泛珠三角城市群建设上升到国家发展的战略层面。城市群是全球范围内城市化的主流趋势，尤其是各国湾区的城市群已成为引领技术变革的先锋和带动全世界经济发展的重要增长极。在如此优越的基础上进行大湾区建设，就是要将粤港澳大湾区打造成具有中国特色的湾区增长带，实现粤港澳三地大融合，进行大湾区的价值发掘与 IP 打造，建造国际一流的大湾区 IP。

一个世界性的规律就是沿海的湾区聚集着竞争力最强、发展程度最高的城市群，这又推进城市群的进一步发展。全球顶级湾区也普遍具有高度发达的经济、高效的资源配置能力、强大的集聚外溢功能、开放的经济结构、完备的基础设施等优势。当然，这些国际一流湾区也各有特色，如纽约湾区的金融、旧金山湾区的科技、东京湾区的产业，都具有国际领先的地位，也都有值得粤港澳大湾区学习的地方。而粤港澳大湾区作为国际级的城市群，必须建构有中国特色的模式和样板，打造政府主导及市场引导下产城融合的湾区，实现城市的互享、经济的互融、生态的互美、制度的互补。

过去，乘着改革开放的东风，通过泛珠三角的彼此携手合作，珠三角地区的经济得到快速增长，工业化和城镇化在国内都首屈一指。今天，借着大湾区的建设和湾区IP的建构，不仅将打破区域内珠三角九个城市的行政分割，还将通过产融结合、产城融合，形成三大经济圈协同并进的局面，使粤港澳大湾区一体化的格局加快形成，由传统的城市群形成国际一流的大都市圈。

粤港澳大湾区是中国经济活力最强、开放程度最高的区域之一，具备向国际级大城市群、全球一流湾区迈进的良好条件。而粤港澳大湾区存在着两种制度，这是大湾区最大的制度红利。其中，还有三个自贸片区和三个关税区、三种货币，香港、澳门、广州、深圳四个世界级城市，加上七个区域性中心城市，足以与纽约、旧金山、东京等国际湾区相媲美。

未来在粤港澳大湾区将会形成世界高标准的投资贸易规则和完善的口岸管理机制，物流、人员往来越来越便利。基础设施将更加完善、高效、便捷，打造出互联互通的现代化综合网络，共建国际级的机场群、港口群、轨道交通网、海陆空综合交通物流中心枢纽等，从而建造出世界科技创新中心及具有全球竞争力的现代产业体系，产生多层次全球重大合作平台，实现粤港澳三地的市场一体化。必然出现的结果就是这一区域集聚外溢和资源配置功能强大，将带动周边地区和全国的加速增长。

三地生活圈则是优美和高质的，宜居、宜业、宜游，有着和谐共融的东西文化。这样的大湾区，将是全球一流的智造、创新、金融、贸易、航运及服务中心，最终打造出世界一流的大湾区IP。粤港澳大湾区的建设和融合发展，还将推进"一带一路"建设，进一步促进全国的国际水平的开放和联通。而大湾区作为"一带一路"建设的载体，重点又在于凭借海上丝绸之路起点的传统优势，参与和推进海上丝绸之路的建设。

在粤港澳大湾区的整体规划中，珠三角的广州、深圳、珠海等九座城市，将与香港、澳门两地共同形成全球顶级湾区和国际级城市群。由此打造出具有中国特色的湾区样板模式。从珠三角城市群到粤港澳大湾区都市群，意味着在泛珠三角地区形成国际都市圈，从另一个角度看，这又是城市群 IP 的大升级。而粤港澳大湾区是中国最繁荣、最富庶的区域之一，借着自身的建设和融合发展，必然会形成具有国际顶级价值的大湾区 IP。

而且，随着粤港澳三地建设的进一步深入展开，大湾区将进一步保持坚定而明确的政治意识、大局意识、核心意识、看齐意识，由此推动全面建成小康社会、全面深化改革、全面依法治国、全面从严治党，从而提高中国特色社会主义道路自信、理论自信、制度自信、文化自信。在建造大湾区 IP 的过程中，这四个意识、四个全面、四个自信，每一样都不可缺少，作为宝贵的精神财富，还将使大湾区 IP 更加完美。

第 **1** 章

世界三大湾区的起源及价值、意义

世界三大湾区的起源和发展历史

　　湾区一般由一个或数个海湾、港湾组成，有时还加上邻近的岛屿。在这个区域之中，围绕沿海口岸分布港口群和城镇群，依托这些优良条件从事经济活动，就能产生良好的经济效应。这就是湾区经济发达的景象。

　　湾区的经济靠海港而兴起，依托海湾区域而繁荣。在发展过程中，其中的都市圈逐渐成为湾区经济的主要节点，这使湾区在世界经济格局中占有重要的地位，成为更大地区乃至全球经济发展的重要增长引擎。湾区总是形成高值 IP 的地域，其 IP 价值包括财富等有形价值和多维度精神文化等无形价值，且以无形价值为主。

　　其中，旧金山湾区、纽约湾区、东京湾区被称为世界三大湾区。以开放性、宜居性、创新性和国际化为其最重要特征，具有开放的经济结构、高效的资源配置能力、强大的集聚外溢功能和发达的国际交通网络，发挥着引领创新、聚集辐射的核心功能，已成为带动全球经济发展的重要增长极和引领技术变革的领头羊。经过较长时间的发展，世界三大湾区已成为全球湾区经济发展的典范。

纽约湾区

　　纽约湾区由纽约、康涅狄格、新泽西等州及 31 个县共同构成，面积达到 33484 平方公里。该区拥有人口 2340 万。湾区中有庞大的城市群，以纽约市为中心，从南部的华盛顿到北部的波士顿，中间点缀着费城等世界知名的大都市。

　　从 19 世纪中期开始，依仗技术创新、港口优势、海洋贸易、国家政策等多种因素的推动，美国纽约市的制造业迅速发展。到 1860 年，纽约的制造业产值已是美国第一，纽约成为美国制造业中心，并逐渐形成了以轻工业、服装业、制糖业为支柱的产业格局。这又带动了纽约湾区制造业的繁荣，整个湾区历经数十年的发展。巴拿马运河在1914年开通，纽约港的吞吐量也随之大幅增加，纽约由此进入了大发展时代。转口贸易的发展进一步带来了财富、人和货物。纽约是最早依靠天然港湾的独特地形优势发展起来的地区，就是现今极负盛名的曼哈顿。这也进一步巩固了纽约市的航运中心地位，并为纽约成长为金融中心奠定了扎实的基础。纽约市作为湾区的中心城市，对于周边地区的辐射范围，远远超出纽约市或纽约州辖区之外。

纽约一向重视城市规划，在著名的纽约区域规划协会成立一百多年之前，纽约市就有了"1811年委员计划"，用以指导城市的规划和定位。这个被称作纽约城市发展的最重要规划文件，正式开始了纽约大都市区和纽约曼哈顿地区的规划建设之路。其独特的网格状城市规划，也得到后来许多城市规划建设者的重视。纽约湾区的发展，与四次关键的区域规划分不开，其是纽约湾区领先于其他湾区的重要原因。1921年，在罗素·塞奇基金会的资助下，成立了纽约区域规划委员会，后来发展成纽约区域规划协会（即RPA），从事纽约湾区的区域规划和规划研究。该协会后来逐步成为对传统行政管理体制的补充，这也强化了规划的科学性，还使得区域经济的协调发展成为可能。从成立开始，该协会就一直在研究具有突破性的长期规划，用以指导纽约大都市区的发展。迄今为止，纽约湾区提出的四次规划方案，构成了纽约湾区百年发展的最主要因素之一。

19世纪中叶，因技术创新、港口优势、政策支持等因素，纽约湾区的人口、经济、文化迅猛发展，城市的增长呈爆炸式。但城市和区域却缺少相应的规划和配套建设。为了应对这些困难和挑战，纽约区域规划协会于1929年发表了《纽约及其周边地区的区域规划报告》，这是全球第一个关于大都市区的全面规划。其宗旨是重建纽约湾区的地区秩序，使湾区成为更具活力、更丰富多样的大都市区。规划包括构建纽约湾区公路、铁路及公园网络，建造居住、商业及工业中心，以此作为整个区域物质和社会发展的基础。规划的中心思想是再中心化，设计出缓解交通拥堵、建立开放空间、放弃高层建筑、重视进一步细化设计、预留机场用地、减少财产税、建造卫星城、集中与疏散相结合等十项政策。

这一规划堪称是前所未有的规划创新和改革，推出了全新的发展和管治理念，提出跨行政边界以建设宜居、可持续、有活力的城市社区。第一次规划使纽约在 20 世纪中期成为世界领先的城市。

第二次世界大战后，在产业升级、技术革新的推动下，纽约湾区逐渐步入工业化后期发展阶段，步入衰退时期，许多工厂迁离甚至关闭。而且，城市化进程的发展，也使纽约各大公司的总部逐渐向外迁移。这时城市向郊区延伸，出现环境状况恶化和老城市中心空心化等问题。因此，急需解决城区衰落和郊区蔓延等问题，使纽约湾区城市得到再发展的空间和机会。这一形势促使纽约区域规划协会在 1968 年完成大纽约地区的第二次区域规划。

这一规划的中心是再集中，也就是将就业集中于卫星城，恢复湾区的公共交通体系。规划提出塑造多样化住宅、建立新的城市中心、改善老城区服务设施、实施公交运输规划、保护城市未开发地区生态景观五项原则。第二次规划推动了布鲁克林、牙买加、纽瓦克等城市的经济成长，为 20 世纪 80 年代纽约大湾区的再发展奠定了基础，还促进了不同产业部门之间的协调发展。1975～1976 年的财政危机后，服务产业（尤其是生产者服务业）开始在纽约迅速崛起，越来越多的劳动力转移到服务业。就业结构的转变反映了纽约经济结构的转型。经过这一次产业结构的调整，纽约由制造业经济转型成为服务业经济。到了 20 世纪七八十年代，随着金融保险等服务业的快速兴起，纽约湾区向知识经济主导的阶段演化。

在 21 世纪到来之际，纽约湾区面临着经济、社会及可持续发展的挑战。为提升湾区的宜居性，从环境保护、社区建设、劳动力保护等方面促进地区经济的可持续发展，纽约区域规划协会于 1996 年发布第三次区域规划：《危机挑战区域发展》。规划的中心是依靠投资与政策来重建经济、环境和公平，并相应提出劳动力、中心、管理、植被、机动性五项实施方法，强调形成高效交通网络的重要性，以此重塑纽约湾区的活力和经济。

第三次区域规划使湾区总体取得了进步和增长，但许多人并没有从增长中获得益处，多数家庭的实际收入在减少，在面临自然灾害时越来越脆弱，这与政府机构没能解决大多数棘手问题有关。针对纽约湾区存在的问题，纽约区域规划协会在 2014 年发表了一份评估报告，标题为《脆弱的成功》。此后，在 2017 年底，纽约区域规划协会（RPA）发布了第四次规划《共同区域建设》，其重点是区域的转型。这一规划提出经济性、宜居性和包容性的目标，由此产生经济机会、宜居性、可持续性、治理和财政四方面议题。

第四次规划强调以人为本的发展，促进改善商业环境、创造就业、促进经济增长、减少家庭的住房开支、解决贫穷问题，以此为湾区居民提供更加富裕的生活。规划也重视打造更多、更便利的社会服务设施，解决湾区居民在通勤、可持续生活、教育、住房和气候变化等方面的种种问题。按规划，预计到 2040 年将增加 190 万就业岗位、370 万人口。

由于纽约湾区跨越多个行政区域，促进湾区经济的发展、资源的集聚，需要各行政区政府、政企之间加强沟通和协作，所需的跨行政区域协调发展的力度不小。这就决定了科学的区域规划在湾区发展过程中起着不可替代的作用。精细而合理的区域规划带来的发展，还使纽约湾区在全球湾区中名列前茅，其湾区 IP 当然也居于前列。

旧金山湾区

美国加州有两个世界著名的都会区，一个是南加州大洛杉矶地区，另一个是位于北加州的旧金山湾区，一般简称湾区。旧金山湾区位于旧金山湾四周，在萨克拉门托河下游出海口一带。这一地区共有 9 个县，城镇有 101 个，主要城市包括旧金山半岛上的旧金山市、东部的奥克兰市、南部的圣何塞市等。

环绕着美国西海岸的旧金山湾区，总面积有 1.8 万平方公里，人口超过 760 万。据 2015 年的统计，旧金山湾区的总 GDP 高达 7855 亿美元，仅次于全球 GDP 排名前 18 个国家。全球著名的高科技研发基地硅谷位于南湾地区，区内还拥有斯坦福大学等名校及科研机构，成为世界先进的高科技研发中心。

旧金山湾区的发展道路，不同于纽约湾区，大体上属于一种由市场引导的自然发展。旧金山湾区的发展方向，包括硅谷的形成和发展，政府都很少干预。当然，旧金山湾区还是建立了某些区域治理机制，以帮助解决区域协调的问题，主要是在生态环境保护、维护空气质量、基础设施建设等方面，推动区域的协调、协同发展和管理。

从发展历史来看，在市场的推动下，旧金山湾区经历了 3 次重要的经济转型。从 1848 年到 19 世纪 70 年代，淘金热带来的发展机会，使旧金山湾区逐渐发展成为一个制造业中心，同时以旧金山市为中心，该区的金融业也有了快速发展。从 19 世纪 80 年代到第二次世界大战之前，旧金山湾区进入后淘金时期，金融业逐步成为区内的主导行业。第二次世界大战结束至今，旧金山湾区进入后工业化发展时期，制造业进入成熟期。尤其伴随着硅谷的高速崛起，旧金山湾区的经济集中在以硅谷模式为特色的高科技研发，这就大力推动了该区创新经济的快速成长。旧金山湾区逐渐成为科技湾区。

在淘金热的推动下，湾区的中心城市呈错位发展，经过了矿业城市、铁路城市两次城市化的高潮。其后，由于高科技的发展，旧金山湾区逐渐成为领先世界湾区经济发展的重要标杆。湾区的高科技产业也成为全球新经济的领头羊。

东京湾区

东京湾区由东京都、神奈川县、千叶县、琦玉县一都三县组成。2015 年的常住人口为 3800 万，面积达 13562 平方公里，占到日本总面积的 3.5%，但 GDP 总量约 96360 亿元人民币，约占日本总 GDP 的 40%。湾区中有日本最大的工业城市群和最大的国际金融、交通、内外贸易和消费等中心，也是日本重要的能源基地。第二次世界大战后，东京湾逐步建成人工岛屿及大规模物流港，这使湾区成为日本的物流中心。

在五百多年前，东京只是一个小渔村。而东京湾区最初的发展，可以追溯到17世纪初江户（即东京）时代的海岸地区。到19世纪下半期，东京湾开始快速发展。

第二次世界大战后，从1950年开始，日本的经济开始复苏，人口不断从农村涌进城市。到了1951年，日本政府颁布《港湾法》，规定由政府对全国港口发展的数量、规模、政策进行统一的规划部署。到1953年，东京的人口已恢复到战前最高水平。而东京的城市发展，也进入到大都市圈发展的阶段，这时各项城市规划和建设项目，均明确地朝着都市圈的方向推进和实施。1956年，日本政府制定的规划规定：以东京为圆心，在半径100公里内的区域，构建一个首都圈，并实行首都圈的整顿方案，同时颁布了《首都圈整治法》。1958年，日本制定了《第一次首都圈建设规划》，调整东京地区的建设，提出建设卫星城市的方案。这些规划方案为当代东京湾区的建设打下了基础。

从20世纪60年代开始，日本施行工业分散战略，形成东京湾区分工明确、协同发展的产业布局体系。1960年，日本发布《东京规划1960——东京结构改革的方案》，逐渐建构湾区的法律保障体系，并不断加以完善。1968年，日本政府发布《第二次首都圈建设规划》，规划的范围扩展到一都七县，对东京城市的结构布局进行调整，提出将东京建设成全国经济高速增长的中枢。不过，三次首都圈的规划和建设，都在推进东京的一极化，使东京城市区域的扩张失去控制，该区域连绵外溢和人口快速聚集也成为东京都市圈的典型特点。

到了1985年，集中的趋势开始改变，日本国土厅大东京都市圈整备局制定将"一极集中"变为"多心多核"的区域结构规划。开始分散东京城市中枢的管理功能，强调培育都市圈核心区。这一规划在某种程度上缓解了东京城市的产业和人口压力，起到了带动周围城市发展的作用。同时，这也重新奠定了东京的产业布局及湾区城市职能。日本政府又在2006年、2011年、2014年先后推出了《10年后的东京——东京将改变》《2020年的东京——跨越大震灾，引导日本的再生》《创造未来——东京都长期愿景》

等专项湾区规划，借助于具有延续性、可调整的统一规划，实现湾区经济的深度融合。

世界三大湾区的特征和经验启示

纽约湾区的特征和经验

纽约湾区有着耀眼的湾区 IP 价值。美国第一大城市纽约市和第一大港纽约港都在纽约湾区。纽约湾区是全球金融中心，也是全球商业中心。纽约市是纽约湾区的中心，位于纽约州东南部的哈德逊河口，这一地理位置使其占尽了地利。

纽约市由曼哈顿、布朗克斯、布鲁克林、里士满和昆斯 5 个区组成，面积达到 828.8 平方公里。其中，面积最小的曼哈顿却是纽约的最核心区域，集中了闻名全球的联合国总部大厦、华尔街、百老汇、中央公园、第五大道、大都会艺术博物馆等标志性建筑，这些建筑都是世界著名机构所在地。有 3000 多家世界金融、保险、证券交易机构设于纽约曼哈顿的华尔街，而美国 7 大银行中有 6 家位于这里。全球 500 强企业中，有 56 家企业的总部位于纽约。美国最大的 500 家公司，已有超过 1/3 将总部设在曼哈顿。纽约还是美国人口最多的城市，也是多种族聚居的多元化城市，拥有来自世界97 个国家和地区的移民。截至 2014 年，纽约市约有 849 万人。

回顾纽约湾区形成发展的历史，湾区优越的自然地理位置是发展的重要因素，而跨行政区域的统筹规划和协调，也起到了相当重要的作用。在地理区位优势方面，与世界其他湾区一样，纽约湾区也有着天然的深水良港，即纽约港，不仅为湾区带来了最早的大批物产，同时也让来自世界各地的移民得以借由港口进入美国。移民和他们的后代成为湾区发展的优质人力资源。借助于依托港口的海洋贸易，纽约制造业在 19 世纪初逐渐兴起。1860 年的纽约制造业产值位居全美第一，纽约成为美国的制造业中心，形成了以轻工业、服装业及制糖业为基础的产业格局。

湾区东北部的康涅狄格州是美国的老工业中心，制造业历史悠久，如今仍是全美重要的制造业中心之一。康州的军事工业发达，被称为"美国兵工厂"，美国的第一艘潜艇和第一架直升机都在这里诞生。康州在电子、金属制造及塑料工艺等方面都处在技术领先水平，吸引了大量资金来此投资建厂。世界著名的对冲基金之都格林尼治也坐落在康涅狄格州，在174平方公里内聚集了超过50家对冲基金公司。康涅狄格州也是美国较富裕的地区，2016年该州人均GDP达到74542美元，在美国各州中排名第五。

位于纽约湾区西北部的新泽西州制造业发达，但制药业更为突出，在全美名列第一。该州各类制药企业有270余家，生产的药品占到全美产量的25%。强生、默克等知名大公司都在新泽西州，另有20多家世界级制药企业的总部设在该州，这些企业的销售额约占全球制药业销售总额的一半。

纽约湾区的发展得益于合理的区域规划。在历史上，纽约大都市区先后于1929年、1968年、1996年和2013年经历了4次重大区域结构的规划调整。前两次调整因土地利用效率降低和城市空洞化现象严重等问题，结果以失败而告终。第三次的调整，确定了扩大地区竞争力和再中心化的宗旨，确保纽约市与周边城市的共同繁荣，这就使区域经济得以整体、协调发展。纽约湾区中，纽约市以科技、资本和产业的优势在经济结构的调整中发挥着先导作用。纽约的实力和地位得到增强，带动周围地区也获得良好的发展契机。2013年启动的第四次调整，也同样取得了良好效果。

纽约曼哈顿的兴起，堪称合理规划的成功范例。曼哈顿是美国的经济、文化中心，联合国总部所在地。而位于其中的华尔街还是全球最重要的金融中心，这里除有高达1.2万亿美元的本地生产总值外，还拥有纽约证券交易所和纳斯达克。而曼哈顿作为世界金融中心，其金融业、都市文化都具有全球性的影响力。目前，在位于曼哈顿长度仅1.54公里、面积还不到1平方公里的华尔街金融区内，就业人口已经超过240万。

曼哈顿能够成为国际金融中心，离不开细致的城市规划与产业定位。曼哈顿由老城和中城两部分组成。老城主要是由历史和自然因素形成的，直到 20 世纪 80 年代，曼哈顿老城仍然以办公区为主，商业、服务业的配套设施缺乏，就业人口却高达 30 余万人，交通压力非常大，这就逐渐导致产业"空心化"现象的出现。因此，纽约市政府扩大了曼哈顿的区域范围，还对服务产业进行了专项研究，由纽约区域规划协会制定了更适应经济可持续发展的规划。同时，大力建构公交网络，限制私家车发展，大为缓解了老城的交通压力。而在曼哈顿中城的规划和建设中，做到了商务办公和配套功能的有机结合。中城的大量写字楼，发挥着都市消费、娱乐功能，如洛克菲勒中心，不仅是通用、时代华纳等许多著名国际大公司的总部所在地，也是著名的商业娱乐场所，该处购物中心引领国际潮流。中城还集中了纽约 50% 以上的剧院及公共娱乐中心，如林肯中心、卡内基音乐厅等。曼哈顿能够保持发展活力，与完备的休闲娱乐设施所发挥的重要作用是分不开的。

卓越的区域规划，促进了纽约湾区教育发展，使纽约湾区成为美国东部的教育圣地或教育重镇。纽约湾区内有常春藤联盟高校三所，即位于康涅狄格州的耶鲁大学、位于纽约州的哥伦比亚大学、位于新泽西州的普林斯顿大学。总计拥有世界著名大学 58 所，如洛克菲勒大学、康奈尔大学、纽约大学等名校就坐落在这里。因此，湾区整体教育水平很高，人才优势堪称得天独厚。高水平的教育为湾区提供了良好的人才储备及资源。目前，纽约湾区居民达 2340 万，人口总数不及上海，但 GDP 总量却相当于北上广深四座城市 GDP 的总和。纽约湾区的发展历程以规划著称，这给世界各国的区域性建设规划都带来很大启发，提出良好的规划，在湾区 IP 建造中起着极为重要的作用。

当然，纽约湾区的发展也存在一些问题，在建造粤港澳大湾区时需要加以注意。这一区域有着典型的以小汽车为主导的美国式发展方式，而低密度的城区扩建，造成土地及其他资源的过度耗费，以致难以实现城市的再中心化。纽约湾区虽然有发达的交通系统，但因以自配小汽车为主的出行方式，造成了环境污染、交通拥挤等问题，这与全球都在提倡的绿色低碳发展理念相冲突。

旧金山湾区的特征和经验

旧金山湾区是一个依靠高科技发展起来的世界级湾区,是全球最重要的高科技研发中心之一,也是美国西海岸最重要的金融中心。据2015年的统计,旧金山湾区总GDP达到7855亿美元,高于纽约市,仅次于全球GDP排名的前18个国家。旧金山湾区是世界重要的科教文化中心。湾区还是国际著名的旅游胜地,有众多的国家公园等自然景观。

旧金山湾区名校众多,包括5所世界级的研究型大学:加州大学伯克利分校、加州大学旧金山分校、加州大学戴维斯分校、加州大学圣克鲁兹分校、斯坦福大学。其中,旧金山分校是世界一流的医学中心。旧金山艺术大学也在旧金山湾区,这是全美最大的艺术设计院校。旧金山湾区内还有5个国家级实验室,分别是劳伦斯利弗莫尔国家实验室、劳伦斯伯克利国家实验室、农业部西部地区研究中心、斯坦福直线加速器中心、航空航天局艾姆斯研究中心。这吸引了大批国际水平的优秀人才在此工作。

据不完全统计,截至2018年10月,有近200位诺贝尔奖得主(伯克利分校107位、斯坦福大学83位等)、数十位菲尔兹奖得主(伯克利分校14位、斯坦福大学8位等)、近100位A. M.图灵奖得主(斯坦福大学27位、伯克利分校25位等)曾经在旧金山湾区工作或求学。湾区还产生了200多位奥运会冠军(斯坦福大学139枚金牌、伯克利分校117枚金牌等)。

在旧金山湾区中,尤其以硅谷(Silicon Valley)最为著名,象征着21世纪的科技创新精神。旧金山湾区的南湾地区或湾区南部,就是硅谷中心地带,由湾区的许多城市组合而成。如圣克拉拉、圣何塞、森尼韦尔、费利蒙、红木城、库帕蒂诺等都属于硅谷。因为硅谷全球高科技重镇的地位,这里的大小城市都想与硅谷有些关联,以表明自身有某种不同寻常之处。如森尼韦尔自称硅谷的心脏,圣何塞以面积广大的优势自称硅谷的首都,远在东湾的小城联合市则以硅谷的大门自居。在硅谷,圣何塞水星报还自称硅谷之报,穿过该区的一段101高速公路也被称为信息超高速公路。诺贝尔奖得主William Shockley将位于山景城的一幢建筑看作真正的硅谷诞生地,因为第一个制造晶片的实验室在那里诞生。

硅谷有成百上千的电脑科技公司。《财富》杂志公布的美国500强企业总部设在硅谷的有28个，如惠普、甲骨文科技、英特尔、Google、苹果公司、IBM、思科、升阳、应用材料、旭电等，都是举世闻名的大企业。以硅谷为核心，旧金山湾区曾经是美国军用电子产品的生产基地，但随着微处理器、基因技术、半导体的出现，旧金山湾区的高技术企业现在主要从事信息技术和生物技术，包括电子产品、通信、计算机、多媒体技术、生物科技、环境技术等。硅谷的银行金融业和服务业也比较发达。在历史上，硅谷得到过不少世界第一，如微处理器、集成电路、重组DNA、心脏移植等。这都为旧金山湾区凝集了巨大的湾区IP价值。

但旧金山湾区的发展也存在一些问题，应该加以注意。该湾区森林大火频发，对湾区生活造成相当大的影响。湾区的高房价、高物价也对创业者和外来移民造成极大的压力，目前区内仅有1/7的居民具有购买住房的能力，这就形成一种排他式的增长方式，对湾区的未来发展起到一种限制作用。据统计，2000~2013年，湾区的国内移民减少了大约55万人，但同期休斯敦、纽约等都市区就业岗位和人口都在增加。随着旧金山湾区就业机会的大幅增长和产业的繁荣，区内轨道交通系统已逐渐不能满足交通需求，与此同时，基础设施项目的实施和推进又受到征地拆迁等因素的影响而难有进展。这都对湾区的发展形成某种程度的阻碍。

东京湾区的特征和经验

在东京湾区呈马蹄状分布的港口群带动下，湾区逐渐形成以京滨、京叶两大制造业和重化工业中心为主的工业带，石油化工、钢铁、高新技术、装备制造、现代物流等产业都相当发达。东京湾区产业的集中和人才集聚，均促进了以东京为中心的湾区经济发展，使该区拥有日本最大的工业城市群和国际金融中心。三菱、丰田、索尼等以日本制造闻名的日资全球500强企业和日本龙头制造业公司的总部都位于此区。作为东京都最繁华的不夜城，银座是湾区的中央区，集中了以三菱日联银行、三井住友银行、瑞穗银行三大金融集团为代表的日本金融业。

东京湾区的金融以产业金融见长,这与该湾区的发展历程密不可分。东京的现代产业发展开始于明治维新时期。当时依靠东京湾区的优良港口建起了临港工业,如钢铁产业、机械加工、纺织等。第二次世界大战后,随着日本经济的恢复,1955年又进入到高速增长期,1968年经济总量已超过西德,成为仅次于美国的全球第二经济大国。

东京湾区也在这一增长过程中迅速发展壮大起来,在东京以西区域形成了京滨工业带;在向东、向北两个方向的扩展中,又形成京叶工业带。东京的金融地位,得益于日本政府的产业政策,由此,东京先是成为贸易中心,后又成为金融中心。在产业的发展顺序上,东京湾区刚开始主要发展出口型产业,带来巨大的出口需要,使服务于出口产业的银行、保险、证券等金融行业迅速发展。到1990年,日本出台强化金融管制的政策,为东京湾区的金融业提供了保障。可见,在湾区的发展过程中,日本产生了许多具有国际竞争力的世界级制造企业,同时打造了东京湾区的金融中心地位。在世界三大湾区中,东京湾区是拥有银行等金融机构数目最多的湾区,而银行机构也占到所有金融机构总量的三成以上。

日本的金融机构与实业公司的联系紧密,形成共同发展的局面。大保险公司的背后都有大实业企业作背景,以此支撑金融业务;而大的实业公司背后,也有银行、保险公司等机构提供金融服务。如丰田公司就形成了自身银行、保险等金融服务的体系。如爱和谊保险公司隶属于日本保费排名第一的MS&AD保险集团,MS&AD集团的最大股东又是丰田汽车。爱和谊保险虽与丰田公司彼此相对独立,但其保险服务却围绕丰田的上下游客户进行。正是因为日本的金融机构定位清晰、垂直,其服务目标群非常明确,能做到更深刻地研究客户,提供的产品就可以更加精益求精。

作为当今亚洲地区唯一的国际级湾区,东京湾区金融的发展形态与粤港澳金融有很多相似之处。尤其金融依托产业,产业、金融紧密结合的特点,有很多值得我国以广州、深圳为代表的珠三角地区金融业借鉴的地方。东京湾区产业与金融所具有的依存关系,提示粤港澳大湾区的未来发展,需高度重视产业和金融的平衡，坚定金融业的发展要扎根实体经济的理念。粤港澳大湾区至少可从下述方面借鉴东京湾区的发展经验：

一是营造优良的营商环境是重要政策关注点。简化行政手续、低税率、管理人员的英语水平等，都是影响世界大型金融机构是否在此设点的因素。

二是提高国际化和开放性可以产生内生的活力。从东京湾区的发展看，高度开放的对外经济条件，吸引全球国际水平人才的能力，都成为东京金融中心发展的内在活力，也推动了 IT 产业、高端服务业等知识经济的高速发展。

三是强大的实体经济是金融业的根本保障。东京湾区曾经凭借强大的实业吸引了大量外来投资，使东京成为仅次于纽约、伦敦的全球第三大金融中心。但是，在日本的经济泡沫破灭之后，其经济长期处于停滞状态，实业受到打击。这导致资本纷纷撤离东京湾区，不断地削弱该区国际金融中心的地位。

东京湾区同样存在着一些问题和教训，值得粤港澳大湾区借鉴。因地域狭小，湾区的土地等要素资源已被使用到极限，人地关系相当紧张，各类经济要素过度集中，湾区占全国经济比重偏高，对区域的发展平衡产生了一些负面影响。尤其是处在台风、地震等灾害比较频繁的地区，这种高集中、高强度的经济模式存在着风险。

从德川时代以来，东京湾就开始填海造地，第二次世界大战后填海造地的步伐加快。目前东京湾区填海造地面积在 250 平方公里以上，湾区超过 90% 被开发成人工海岸线，如银座等商业区就是由填海而成。政府主导的大规模填海造地获得了可观的收益。不过，也带来湿地几乎全部丧失、天然岸线被人工岸线代替、水面缩小等后果，对自然环境造成破坏，不良影响难以完全消除。东京湾区采用的是"先污染、后治理"模式，虽然政府也会及时刹车治理，但还是付出了巨大的代价。这些经验教训，都是值得国内进行湾区建设时借鉴的。

世界三大湾区对其国家及世界的价值和意义

世界银行的一个数据显示：全世界 60% 的经济总量集中在入海口。发达的湾区经济总是能形成庞大的经济规模、包容的文化氛围、适宜的环境、高效的资源配置。这就使湾区常常成为某区域或某个国家的中心地带，以其强大的辐射能力带动周边和全国的发展，对全球经济的成长也具有重要影响。纽约湾区、旧金山湾区、东京湾区是世界公认的三大湾区，都对本国和世界起到了带头作用，也为如何打造湾区 IP 起着示范作用。

从世界三大湾的发展过程看，三者都具有某种相似的特点，如强大的聚集外溢作用、开放式的经济结构、强劲的经济发展动能等。由此对国家以至于世界的经济作出巨大贡献。当然，就如上文所分析的，三大湾区以各自不同的优势，对其周边区域和整个国家的经济都有积极的推动作用，具有宝贵的价值。

纽约湾区的建设以良好的规划为特点。在发展的过程中，还形成了广阔的经济腹地，世界一流的金融产业优势，其强大的国际贸易功能也对美国和世界产生了巨大的价值。对外贸易周转额占到全美的 20%，制造业产值占到全美的 1/3。纽约湾区的内外交通条件在美国首屈一指，还拥有丰富的高端人才资源。

旧金山湾区迅猛崛起的高科技产业，在美国和世界都具有重要地位和价值。旧金山湾区是美国最繁荣、最具生产力的经济体之一。2010 年，湾区家庭收入的中位数达到 82500 美元，较美国平均水平高 41%，较加州高 37%。这在很大程度上得益于湾区众多的高产出、创新型科技公司。从美国生产总值的趋势看，旧金山湾区的经济产出增长显著，从 2002 年以来，人均国内生产总值的增速持续高于美国平均水平。旧金山湾区还建立了优良的湾区发展治理机制，建构了发达的城市轨道交通网。与硅谷的高科技产业相配合，形成了卓越的金融创投体系，聚集了众多全球一流的创新型企业、研发机构和大学，并保持着充裕的土地等发展资源。旧金山湾区的发展经验具有全球意义，很值得粤港澳大湾区学习和借鉴。

东京湾区有着与实业紧密联系的金融业，这成为该湾区的一大特点。东京湾区这个仅占日本国土面积 3.5% 的地区，贡献了全日本 GDP 总量的近 40%，这里还是日本大型企业集中的地区。湾区依托着港口建设，发展出规模化的海运物流业和重化工业，打造了全球一流的产业和国际贸易中心，还通过政策的引导和市场调节，实现了大都市圈内错位发展、联动互补的产业格局。东京湾区的建设，对日本经济的发展作出了巨大贡献，也使该湾区在较长时间内位居亚洲第一。

三大湾区以各自不同的发展模式，产生了具有各具特色的、巨大的湾区 IP 价值，对于世界各国都起着示范作用，对粤港澳大湾区的融合发展也很有启发，因此而深具意义。当然，世界三大湾区不是在短期内建成的。这就表明，粤港澳大湾区同样还有很长的路要走，也需要向三大湾区取经、学习，这样才能圆粤港澳大湾区的经济梦。

粤港澳大湾区的比较优势和跨界融合的先进性

粤港澳大湾区是中国建设国际级城市群并参与全球竞争的重要区域，是由香港、澳门两个特别行政区，加上广东省的广州、深圳、珠海、中山、佛山、惠州、东莞、肇庆、江门九市所组成的城市群。从经济数据看，2017 年粤港澳地区人口达到 6956.93 万，不到全国的 5%，面积为 5.6 万平方公里，不足全国的 1%，但 GDP 总量却达到 15976 亿美元，突破 10 万亿元人民币，约占全国 GDP 总量的 12.17%。GDP 的总量规模在全球排行中名列第 11 位，超过整个韩国的经济规模。粤港澳三地的进出口总额、机场的客运量、港口的吞吐量都在世界排名第一。

目前这一区域是全国经济最活跃的地区。这表明，粤港澳大湾区已经成为继纽约湾区、旧金山湾区、东京湾区之后的全球第四大湾区。湾区的强劲上升势头，未来必将会形成使全球瞩目的大湾区IP。大湾区IP主要是粤港澳三地内在价值的体现，通过大湾区多个主要的经济、社会和文化板块突出地表现出来。当然，大湾区IP包含有形价值，但主要部分还是由无形价值所构成，具有相当宽广的涵括性，涉及金融圈、都市圈、高科技创新产业、生态环境、城乡规划、宜居生活、文化、教育、创新精神、高端服务业、制度架构等诸多方面。如果对大湾区IP进行估值，较之有形部分或有形资产，其真实财富值非常之大，甚至是无法估量的。因为大湾区IP在空间上极为多元，在时间维度上则不断延伸。

实际上，粤港澳大湾区已经综合了纽约湾区、旧金山湾区、东京湾区所表现出来的三大主要功能。纽约湾区的主要功能是金融中心，而粤港澳大湾区中的香港正是一个全球金融中心。东京湾区的主要功能体现在金融业支持下的先进制造业，而在深圳、东莞，也有已达国际水平的制造业基地。旧金山湾区的主要功能体现在硅谷的高科技创新实力，比较之下，深圳也具备强大的科技创新能力。

粤港澳大湾区得到政策层面的强大支持，这是世界三大湾区都不具备的。粤港澳大湾区的建设是习近平主席亲自谋划、部署、推动的国家战略，已成为新时代推动形成全面开放新格局的新举措，还是推动"一国两制"事业发展的新实践。而且，粤港澳大湾区建设已写入中共十九大报告和政府工作报告中，提升到国家发展战略层面。推进建设粤港澳大湾区，必将有利于深化内地和港澳的交流与合作。对港澳参与国家发展战略，提高经济竞争力，保持长期繁荣稳定，都具有重要意义。

粤港澳三地政府将在中央有关部门的支持下，完善创新合作机制，促进互利共赢的协作关系，共同将粤港澳大湾区建成更具有活力的经济区，宜居、宜业、宜游的优质生活圈，内地与港澳深度合作的示范区，由此打造世界一流湾区和国际级城市群。广东省发改委现已启动《粤港澳大湾区城际铁路建设规划（2020-2030年）》编制工作，未来粤港澳大湾区有望建成"一小时城轨交通圈"。

粤港澳大湾区的建成，将对周边地区的经济发展产生极大的辐射作用。从地理区位与内地紧密联系的功能来看，广州是粤港澳大湾区中的最核心城市，自然就成为大湾区辐射内地、联系内地的最佳桥梁和纽带。因此，在泛珠三角合作的基础上，粤港澳大湾区的协调建造，其辐射范围将达到内地 9 个省份，加上香港、澳门两个特别行政区，未来将拥有全国 1/5 左右的国土面积、1/3 以上的经济总量和 1/3 的人口。相比之下，粤港澳大湾区完全有可能建成世界上最大的湾区经济带。

国际经济形势也有利于粤港澳大湾区优势的发挥。近年来，曾经是亚洲最大的东京湾区正在走下坡路。这从某种角度而言，凸显出正在快速崛起的粤港澳大湾区所具有的一系列比较优势。东京湾区作为一个典型在岸金融市场，产业的兴衰和产业结构的变化对于其金融业的挑战相当直接。这当然也与其产业、金融间的密切联系的特点有关。从 20 世纪 90 年代末至今，日本的经济一直处于滞胀状态，东京湾区实体经济发展停滞不前。湾区的金融业也在泡沫经济崩溃后一蹶不振，其全球竞争力急剧下降。

从英国智库 Z/Yen Group 发表的全球金融中心指数（GFCI）来看，东京虽然排在全球第 5 位，位列伦敦、纽约、香港、新加坡之后，但与前 4 位的相关指数差距很大。从创造市场需求的能力来看，日本占亚洲总 GDP 的比率一直在下滑，目前已被中国赶超。从向日本投资的企业立场看，作为生产地点，日本工人的成本太高。尽管日本较低的利率便于企业融资，但因为缺少优质项目，投资日本对企业的吸引力不是很大。除自身经济的发展持续下滑外，日本目前的投资条件也存在一些问题，如高税率、极为复杂的行政手续等软环境。国外企业在日本建立公司所需的时间一般都很长，所需缴纳的材料太多。在日本，法律、会计等专业服务行业所设立的司法书士、行政书士、社会保险劳务士等多种资格制度，都没有与国际接轨。这就使外资企业难以做出判断，金钱、时间等各项成本的花费都比较大。

当然，为提高东京金融业的整体实力，近年来，东京政府对于这些问题，也采取了一系列积极的措施。如为创造优质的商业和生活环境而实施减税，为方便外国人入住日本而简化行政审批手续。还有为促进市场竞争而实行针对国外金融企业的资产运用、招商等方面的培训，以及对金融科技产业进行培育等。不过，这些措施的实行效果还有待观察。但无论如何，东京湾区的经验和教训，对于怎样打造大湾区 IP，还是很有启发和借鉴作用的。

最醒目的比较优势，还在于粤港澳大湾区的发展格局。除粤港澳三地实现融合、优势互补之外，三地经济还将在体制优势下实现跨界融合，这是世界三大湾区所不具有的优势。这种跨界融合还具有一种全球视野，即以粤港澳大湾区为核心，在全球范围展开跨界融合。

目前世界各国的大湾区，无论是美国的纽约大湾区、旧金山大湾区，还是日本的东京大湾区，都在很大程度上具有某种割裂性。在过去的经济时代，世界湾区凭着独特的天然优势而发展，并引领区域或全国经济，甚至影响到全球。但因仅仅聚焦单一或数种个性化优势，这种发展就难免具有某种不充分性。但在现今的新经济时代，情况不一样了，不仅整个国际、国内经济环境和市场需要千变万化，单一优势的作用表现出局限性，创新和融合发展成为世界和国内经济的常态。

与新经济时代相适应，作为后起之秀的粤港澳大湾区，将以自身独特的金融优势，结合创新优势、互联网优势、区位优势、人才优势等众多优势，形成与众不同的强劲的跨界融合优势。由此推动各产业的创新发展，并优化其结构和产业链，打造出整体的产业体系。跨界融合优势的影响，将扩展到全球，推动国际产业结构的优化布局和世界金融的重新布局。

粤港澳三地可因此成为全国的榜样，推动国内经济的全球化思维和进程，促进政府经济决策的全球性定向。作为中国经济全球化的基石和生力军，粤港澳大湾区最终将成为引领中国乃至世界经济发展不可或缺的明珠，打造出灿烂的大湾区 IP。

第 **2** 章

粤港澳大湾区的政策背景、
构想及意义

粤港澳大湾区的政策背景

2017 年 3 月 5 日，在十二届全国人大五次会议的政府工作报告中，国务院总理李克强提出：要推动和深化内地与港澳的合作，研究制定粤港澳大湾区城市群发展规划，发挥港澳独特优势的地位与功能，提升其在国家经济发展和对外开放中的作用。这一报告对于粤港澳大湾区的发展和开发具有里程碑意义。政策既为大湾区 IP 增值提供坚实支撑，本身也是大湾区 IP 价值有机组成的部分。

实际上，粤港澳大湾区的策划和构想已经存在一段时期，目前正在逐步地向深入实施的阶段推进。在这个时候，有必要回顾一下中央和地方政府政策背景的脉络：

早在 2005 年 8 月 31 日，广东省政府向下属的各级政府印发了《珠江三角洲城镇群协调发展规划（2004-2020）》，要求在全省范围内认真地贯彻实施。此后，规划在实行的过程中进一步升级提高。2009 年完成的《大珠江三角洲城镇群协调发展规划研究》特别将"湾区发展计划"作为空间总体布局协调的一个环节，还提出四项跟进工作，包括跨界地区合作、跨界交通合作、生态环境保护合作，以及协调机制的建设。

2010 年粤港澳三地政府联合制定《环珠三角宜居湾区建设重点行动计划》，以落实 2009 年提出的跨界地区合作。而 2016 年的广东省政府工作报告，也提出了"开展珠三角城市升级行动，联手港澳打造粤港澳大湾区"等构思。

2014 年的深圳市政府工作报告，第一次提出深圳将依托毗邻香港、背靠珠三角、地处亚太主航道等优势，重点建造前海湾、深圳湾、大鹏湾、大亚湾等湾区产业集群，构建湾区经济，这就对粤港澳城市群联结起的湾区作出了整体的规划。

2015 年 3 月，国家发改委、外交部、商务部联合发布《推动共建丝绸之路经济带和 21 世纪海上丝绸之路的愿景与行动》。这份文件提出，要充分发挥深圳前海、广州南沙、珠海横琴、福建平潭等开放合作区作用，以"深化与港澳台合作，打造粤港澳大湾区"。这份报告将福建平潭包括在内，充分体现出大湾区规划所具有的辐射力。

2015 年 9 月，国家发改委发布了《关于在部分区域系统推进全面创新改革试验的总体方案》，广东被列入方案的省级行政区之中，强调深化粤港澳之间的创新合作。广东改革试验区尤其注重的粤港澳合作，明确地提出创新二字，表明创新改革将会是广东改革试验区最中心的一个命题。

2016 年 12 月，国家发改委在《加快城市群规划编制工作的通知》中提出，2017 年将要启动珠三角湾区等跨省区的城市群规划编制。这就表明，粤港澳大湾区的概念已经正式进入到国家战略部署的层级。

2017 年 2 月 23 日，政治局委员、广东省委书记胡春华，省长马兴瑞在广州会见了时任香港特别行政区行政长官梁振英，双方表示要全面提升广东和香港的合作水平，深化投资贸易、科技创新、教育人文、环境保护、自贸区建设等多个领域的互利合作，两地联手参与"一带一路"建设，不断地深化粤港合作。广东、香港还将在南沙自贸区建立"粤港深度合作区"，产业的发展将围绕着研发及科技成果转化、金融服务、国际教育培训、专业服务、商贸服务、航运物流服务、健康服务及休闲旅游、资讯科技八个方面。

2017 年 3 月 5 日，国务院总理李克强在《政府工作报告》中提出粤港澳大湾区城市群发展规划的构想，这标志着在中央政府的级别上正式确认大湾区战略。

2017 年 3 月 25 日，时任香港特别行政区行政长官梁振英在海南博鳌与广东省委副书记、广州市委书记任学锋会谈，讨论了两方面的事项：一是香港和广州怎样共同做好李克强总理在当年政府工作报告里提出的粤港澳大湾区城市群的规划工作；二是香港和广州怎样共同"走出去"，到"一带一路"的沿线国家推动政策、设施、资金、贸易、民心五个互联互通。同年 4 月 19~21 日，梁振英率团访问粤港澳大湾区的广州、佛山、肇庆、江门、中山、珠海六个城市，考察当地城市的定位、发展、物流及基建，与各城市领导会面。在考察中，梁振英表示，香港在金融、法律、会计、建筑、现代服务业等方面具有优势，重视与广东省的合作，更重视李克强总理在《政府工作报告》中提出的粤港澳大湾区城市群发展规划。此行的目的是把握时机，推动香港参与大湾区规划工作。

2017 年 4 月 7 日，国家发改委印发《2017 年国家级新区体制机制创新工作要点》，广州市南沙新区的工作要点是深化粤港澳深度合作的探索，推动建设港澳科技成果产业化平台、人才合作示范区、粤港澳专业服务集聚区等，以此引领区域开放合作模式的创新，以及发展动能的转换。针对国家发改委提出的工作要点，广东省发改委、港澳办、社科院和南方财经全媒体集团共同发起组建的粤港澳大湾区研究院，于 2017 年 6 月 29 日在广州成立。首部粤港澳大湾区研究报告同时发表。

2017 年 7 月 1 日，《深化粤港澳合作，推进大湾区建设框架协议》在香港正式签署，国家主席习近平出席签字仪式。在习近平的见证下，香港特别行政区行政长官林郑月娥、澳门特别行政区行政长官崔世安、国家发展和改革委员会主任何立峰、广东省省长马兴瑞共同签署了这一协议。

2018 年 3 月 7 日两会期间，习近平总书记在参加广东代表团审议时提出，要紧抓建设粤港澳大湾区的重大机遇，联手港、澳推进相关工作，建造国际一流的湾区和世界级城市群。当月，国家发改委主任何立峰表示，粤港澳大湾区发展规划纲要的编制工作已经基本完成，接下来将加快编制产业发展、交通、生态环境等方面的专项规划。广东省发改委主任何宁卡曾在 2018 年的广东省两会期间透露，广东正配合国家发改委组织编制粤港澳大湾区国际科技创新中心实施方案，以推进江门大广海湾经济区、中山澳门开发区、粤澳全面合作示范区以及南沙、前海、横琴自贸区等重要粤港澳合作平台的建设。

2018 年 3 月，香港特别行政区行政长官林郑月娥率领多名局长到大湾区的深圳、中山、珠海考察，为落实即将发布的粤港澳大湾区发展规划做预备。她在考察的首日，分别与深圳市委书记王伟中及中山市委书记陈旭东会谈，参观了中山国家健康科技产业基地、正在建设中的深中通道及相邻的翠亨新区。林郑月娥表示，希望更多的香港优势产业落户到这些地方，以推动大湾区各城市的互补发展。在深圳考察期间，林郑月娥首站出席香港中文大学（深圳）祥波书院的揭幕仪式，与深圳市委书记王伟中共同主礼。

2018年4月，广东省省长马兴瑞在博鳌论坛上透露，粤港澳大湾区规划即将出台，完全有条件、有信心将粤港澳大湾区打造成世界级湾区。目前纳入大湾区的港、澳特别行政区和珠三角的9个城市经济总量已接近纽约湾区，拥有16家世界500强企业，粤港澳大湾区拥有十分雄厚的实力，发展潜力巨大，可以说是前景无限。马兴瑞指出，科技创新是粤港澳大湾区未来的主攻方向。因为香港和澳门都有一大批科学家，具有很好的原始创新能力，在特有条件下配置全球创新资源的能力也是大湾区里面最强的，而珠三角地区将科技成果转化成生产力的优势是世界几大湾区中较大的。这表明，完全有条件将香港、澳门、广州、深圳打造成一个综合性的世界级科技创新中心。澳门经济财政司司长梁维特则表示，要发挥澳门旅游休闲中心的优势，与大湾区各城市共同打造世界旅游休闲目的地。澳门还能够利用自身的优势，在文化、科技等方面促进粤港澳大湾区参与国际合作。广东省城乡规划设计研究院总规划师马向明认为，大湾区中的广州市作为华南地区的科教中心，在粤港澳发展成国际重要创新中心的过程中，将起着不可或缺的作用。

2018年5月16日，香港特别行政区行政长官林郑月娥率团到广州进行了两天的考察。广州市委书记任学锋，市委副书记、市长温国辉陪同考察，并进行座谈。林郑月娥表示，广州市吸引各方人才创新创业、大力发展战略性新兴产业的成效，给人留下了深刻印象。而香港与广州的联系十分密切，大量港资企业已在广州扎根发展，两地的合作空间很大。特区政府愿意深化与广州在金融、教育、科技、医疗等领域的合作。在广州考察期间，林郑月娥一行先后到访了二沙岛艺术公园、珠江两岸亮化工程、海心沙、花城广场、广州迈普再生医学科技公司、盈盛智创科技（广州）公司、博厚健康科技股份公司、琶洲互联网创新集聚区、天河区港澳青年之家创业基地、南沙区庆盛高铁站等处。香港特别行政区政制及内地事务局局长聂德权，省港澳办党组书记、主任廖京山等参加相关的活动。香港科技大学将在广州市的南沙建设一个分校区，培养包括 AI 人才在内的各类人才。

2018 年 6 月 13 日，林郑月娥在接受媒体采访时说：香港将积极推动穗港合作发展，广州的发展潜力很大，发展空间巨大，仅南沙区就有 700 多平方公里，有着得天独厚的条件，香港企业、大学、医院进驻南沙区，将会有良好的发展前景。

一系列政策的支撑和支持，为大湾区 IP 价值的快速形成和增值，展现了光明的前景。

粤港澳大湾区的发展构想

从以上的背景追溯可以看出，粤港澳合作并不是一个新观点。粤港澳大湾区战略或粤港澳大湾区城市群的策划和设计，应该说是珠三角城市融合发展的升级版，现在将港、澳包括在内，就实现了某种根本性的转变。粤、港、澳三地 IP 将聚合成大湾区 IP，这样的聚合能凝集起核能量。香港、澳门两个特别行政区，加上广东的广州、佛山、肇庆、深圳、东莞、惠州、珠海、中山、江门 9 个城市，由此形成的粤港澳大湾区，具备了建成世界一流湾区和国际级城市群的基础条件。

粤港澳大湾区经济规模在 2015 年已经达到 1.36 万亿美元，产业结构则以先进制造业和现代服务业为主。大湾区港口的集装箱年吞吐量高于 6500 万标箱，机场旅客的年吞吐量达到了 1.75 亿人次。港澳两地服务业增加值占 GDP 的比重都在 90% 左右，而广东 9 城市制造业基础雄厚，这样就形成了现代制造业加服业的双轮驱动产业体系。而且，现在粤港澳三地在经贸、技术、金融等方面的合作交流也逐渐加深，并进入到全面深层次的合作阶段。这必将使粤港澳大湾区成为中国经济增长的重要引擎及改革开放的前沿，因此受到各方高度重视，国家也积极支持粤港澳大湾区的建设和发展，打造极富价值的大湾区 IP。

对于粤港澳大湾区建设的发展构想，广东省发改委主任何宁卡曾经做出系统论述。重点从六个方面来策划粤港澳大湾区的发展战略：

（1）加强基础设施的互联互通

由此形成与区域经济社会发展彼此适应的、成体系的基础设施，粤港澳以共建"一中心三网"为重点，即打造世界级国际航运物流中心，形成多向通道网、海空航线网、快速公交网，由此形成辐射国内、国外的综合交通体系。

（2）建造全球性创新高地

也就是说，大湾区合作打造全球高科技创新平台，建构开放型的创新体系，进一步完善创新合作体制和机制。从而建成粤港澳大湾区创新共同体，以此为基础，逐步发展成全球重要科技产业创新中心。

（3）粤港澳携手建构"一带一路"的开放新格局

以大湾区的多重优势，深化与"一带一路"沿线国家基础设施的互联互通，并加强经贸合作，进一步深化和推动粤港澳服务贸易自由化，打造 CEPA（Closer Economic Partnership Arrangement，关于建立更紧密经贸关系的安排）的升级版。

（4）培植利益共享的产业价值链

加快向全球价值链高端的迈进速度，建造具有国际竞争力的现代产业先导区。加速推进制造业的转型升级，重视新一代信息技术、新材料、生物技术、高端装备、节能环保、新能源汽车等战略性新兴产业集群的发展。

（5）打造金融核心圈

促进粤港澳金融的有序竞争和合作，彼此协同发展，培植金融合作的新平台。扩大内地与港澳金融市场要素的双向开放与联通，建造引导泛珠区域、辐射东南亚、服务"一带一路"的金融中心。形成以香港为主导，以南沙、前海、横琴为节点，依托广州、深圳、澳门、珠海的粤港澳大湾区金融圈。

（6）建设大湾区优质生活圈

以改善大湾区的社会民生为重点，建造国际化、高水准的教育基地，完善就业和创业服务体系。促进文化的繁荣，共同建造健康湾区，推动社会的协同治理。把粤港澳大湾区建造成为绿色、宜业、宜居、宜游的世界级城市群。

粤港澳大湾区建设框架协议

2017 年 7 月 1 日上午，在习近平主席的见证下，国家发改委和粤、港、澳三地政府在香港共同签署了《深化粤港澳合作，推进大湾区建设框架协议》。这个协议又称为四方协议，使粤港澳大湾区的建设迈出了实质性的一步，启动了在深度和广度上建造大湾区 IP 的进程。

粤港澳大湾区建设的意义重大，其中，包括两方面的融合：一是广东省和港、澳两地的大融合；二是广东省内部的大融合。也就是说，在粤港澳融合的基础上，实现珠江东岸和西岸的融合，以推动香港、澳门、广州、深圳、珠海、中山、佛山、惠州、东莞、肇庆、江门等城市的定位互补和一体化。但是，粤港澳大湾区的格局复杂，存在着"一个国家、两种制度、三个关税区、四个核心城市"的局面，这就给融合带来困难，成为大湾区建设的最大痛点和难点。突破这一困难，是打造优良的大湾区 IP 必不可少的前提。

签署四方框架协议，就是要突破融合这个最大的难点。按照这一协议，粤港澳三地将在中央政府的支持下，完善创新合作机制，促进互利共赢的合作关系，同心协力将粤港澳大湾区建设成为优质生活圈、深具活力的经济区，形成国际一流的湾区和世界级城市群。粤港澳大湾区将因此成为内地与港、澳深度合作的示范区。

作为粤港澳大湾区共同建设和融合基本前提的《深化粤港澳合作，推进大湾区建设框架协议》，在建造大湾区 IP 中起着重要作用。共有十三条，具体内容如下：

> 为充分发挥粤港澳地区的综合优势，深化粤港澳合作，推进粤港澳大湾区建设，高水平参与国际合作，提升在国家经济发展和全方位开放中的引领作用，为港澳发展注入新动能，保持港澳长期繁荣稳定，国家发展和改革委员会、广东省人民政府、香港特别行政区政府、澳门特别行政区政府（以下称四方）经协商一致，制定本协议。
>
> 一、总则
>
> （一）合作宗旨。全面准确贯彻"一国两制"方针，完善创新合作机制，建立互利共赢合作关系，共同推进粤港澳大湾区建设。
>
> （二）合作目标。强化广东作为全国改革开放先行区、经济发展重要引擎的作用，构建科技、产业创新中心和先进制造业、现代服务业基地；巩固和提升香港国际金融、航运、贸易三大中心地位，强化全球离岸人民币业务枢纽地位和国际资产管理中心功能，推动专业服务和创新及科技事业发展，建设亚太区国际法律及解决争议服务中心；推进澳门建设世界旅游休闲中心，打造中国与葡语国家商贸合作服务平台，建设以中华文化为主流、多元文化共存的交流合作基地，促进澳门经济适度多元可持续发展。努力将粤港澳大湾区建设成为更具活力的经济区、宜居宜业宜游的优质生活圈和内地与港澳深度合作的示范区，携手打造国际一流湾区和世界级城市群。
>
> （三）合作原则。
>
> ——开放引领，创新驱动。积极构建开放型经济新体制，打造高水平开放平台，对接高标准贸易投资规则，集聚创新资源，完善区域协同创新体系，开展创新及科技合作。
>
> ——优势互补，合作共赢。充分发挥各地比较优势，创新完善合作体制机制，加强政策和规划协调对接，推动粤港澳间双向合作，促进区域经济社会协同发展，使合作成果惠及各方。

——市场主导，政府推动。充分发挥市场在资源配置中的决定性作用，更好地发挥政府作用，推动各种生产和生活要素在区域内更加便捷地流动和优化配置。

——先行先试，重点突破。支持广东全面深化改革，探索粤港澳合作新模式，推动主要合作区域和重点领域的体制机制创新，以点带面深化合作，充分释放改革红利。

——生态优先，绿色发展。着眼于城市群可持续发展，强化环境保护和生态修复，推动形成绿色低碳的生产生活方式和城市建设运营模式，有效提升城市群品质。

二、合作重点领域

（四）推进基础设施互联互通。强化内地与港澳交通联系，构建高效便捷的现代综合交通运输体系。发挥香港作为国际航运中心的优势，带动大湾区其他城市共建世界级港口群和空港群，优化高速公路、铁路、城市轨道交通网络布局，推动各种运输方式综合衔接、一体高效。强化城市内外交通建设，便捷城际交通，共同推进包括港珠澳大桥、广深港高铁、粤澳新通道等区域重点项目建设，打造便捷区域内交通圈。建设稳定安全的能源和水供应体系，进一步提升信息通信网络基础设施水平、扩大网络容量。

（五）进一步提升市场一体化水平。落实内地与香港、澳门《关于建立更紧密经贸关系的安排》（CEPA）及其系列协议，促进要素便捷流动，提高通关便利化水平，促进人员、货物往来便利化，打造具有全球竞争力的营商环境。推动扩大内地与港澳企业相互投资。鼓励港澳人员赴粤投资及创业就业，为港澳居民发展提供更多机遇，并为港澳居民在内地生活提供更加便利的条件。

（六）打造国际科技创新中心。统筹利用全球科技创新资源，完善创新合作体制机制，优化跨区域合作创新发展模式，构建国际化、开放型区域创新体系，不断提高科研成果转化水平和效率，加快形成以创新为主要引领和支撑的经济体系和发展模式。

（七）构建协同发展现代产业体系。充分发挥大湾区不同城市产业优势，推进产业协同发展，完善产业发展格局，加快向全球价值链高端迈进。培育战略性新兴产业集群，建设产业合作发展平台，构建高端引领、协同发展、特色突出、绿色低碳的开放型、创新型产业体系。

（八）共建宜居宜业宜游的优质生活圈。以改善民生为重点，提高社会管理和公共服务的能力和水平，增加优质公共服务和生产生活产品供给，打造国际化教育高地，完善就业创业服务体系，加强人文交流、促进文化繁荣发展，推进区域旅游发展，支持澳门打造旅游教育培训基地，共建健康湾区，完善生态建设和环境保护合作机制，建设绿色低碳湾区。

（九）培育国际合作新优势。充分发挥港澳地区独特优势，深化与"一带一路"沿线国家在基础设施互联互通、经贸、金融、生态环保及人文交流领域的合作，携手打造推进"一带一路"建设的重要支撑区。支持粤港澳共同开展国际产能合作和联手"走出去"，进一步完善对外开放平台，更好地发挥归侨侨眷纽带作用，推动大湾区在国家高水平参与国际合作中发挥示范带头作用。

（十）支持重大合作平台建设。推进深圳前海、广州南沙、珠海横琴等重大粤港澳合作平台开发建设，充分发挥其在进一步深化改革、扩大开放、促进合作中的试验示范和引领带动作用，并复制推广成功经验。推进港澳青年创业就业基地建设。支持港深创新及科技园、江门大广海湾经济区、中山粤澳全面合作示范区等合作平台建设。发挥合作平台示范作用，拓展港澳中小微企业发展空间。

三、体制机制安排

（十一）完善协调机制。编制《粤港澳大湾区城市群发展规划》，推进规划落地实施。四方每年定期召开磋商会议，协调解决大湾区发展中的重大问题和合作事项。

（十二）健全实施机制。四方每年提出推进粤港澳大湾区建设年度重点工作，由国家发展和改革委员会征求广东省人民政府和香港、澳门两个特别行政区政府以及国家有关部门意见，并达成一致后，共同推动落实。广东省人民政府和香港、澳门两个特别行政区政府共同建立推进粤港澳大湾区发展日常工作机制，更好地发挥广东省发展和改革委员会、香港特别行政区政府政制及内地事务局、澳门特别行政区政府行政长官办公室在合作中的联络协调作用，推动规划深入实施。

（十三）扩大公众参与。强化粤港澳合作咨询渠道，吸纳内地及港澳各界代表和专家参与，研究探讨各领域合作发展策略、方式及问题。发挥粤港澳地区行业协会、智库等机构的作用，支持工商企业界、劳工界、专业服务界、学术界等社会各界深化合作交流，共同参与大湾区建设。加强粤港澳大湾区的宣传推介。

粤港澳大湾区的四个意识、四个全面、四个自信

粤港澳大湾区的建设及大湾区 IP 的建构，有一个不容忽视的关键，那就是大湾区的党建工作。这是关乎大湾区建设成败的大是大非问题。而大湾区的党建要以四个意识、四个全面、四个自信为指导，由此带动整个大湾区的建设走在正确的道路上，取得一个又一个醒目的成就。这"三个四"也将成为未来大湾区 IP 的灵魂，使大湾区 IP 更加绚丽多彩。

中共中央倡导的"三个四"包括四个意识、四个全面、四个自信。其中，四个意识指的是政治意识、大局意识、核心意识、看齐意识。这四个意识是在 2016 年 1 月 29 日中共中央政治局会议上最早提出来的。四个意识是一个内涵深刻、相互联系的有机整体，集中体现了根本的政治立场、政治要求、政治方向，成为检验党员、干部政治素养的基本标准。增强四个意识、自觉维护习近平总书记的核心地位，对于维护党中央权威、维护党的团结和集中统一领导，对全党全军全国各族人民更好地凝聚力量以抓住

机遇、战胜挑战，对全党团结一心、不忘初心、继续前进，对保证党和国家兴旺发达、长治久安，具有十分重要的意义。对于粤港澳大湾区的建设，四个意识同样是必不可少的政治准则，将为大湾区带来繁荣发展。

四个全面指全面建成小康社会、全面深化改革、全面依法治国、全面从严治党。这是以习近平同志为核心的党中央治国理政战略思想的重要内容，堪称我党治国理政方略与时俱进的新创造。这也是马克思主义与中国实践相结合的新飞跃，闪耀着由此而来的思想光辉。

四个全面将全面建成小康社会定位为"实现中华民族伟大复兴中国梦的关键一步"，将全面深化改革的总目标确定为"完善和发展中国特色社会主义制度、推进国家治理体系和治理能力现代化"，将全面依法治国看作全面深化改革的抓手、定海神针和助推器，第一次为全面从严治党标定了明确路径，要求"增强从严治党的系统性、预见性、创造性、实效性"。因此，粤港澳三地的建设和大湾区 IP 的打造，都体现了四个全面的精神品格。而大湾区每一步实践的足迹，都铭刻着四个全面的要求。四个全面战略布局不是简单的平行、并列关系，而是一个环环相扣、有机联系的整体。每一个"全面"都是一整套结合实际、独具特色、继往开来、勇于创新的思想系统。联系到粤港澳大湾区的建设，这四个"全面"加在一起相得益彰、相辅相成，指导着大湾区规划和战略的落实。

四个自信就是中国特色社会主义道路自信、理论自信、制度自信、文化自信，这四个自信是对中共十八大提出的中国特色社会主义三个自信的创造性拓展和完善，由习近平总书记在庆祝中国共产党成立 95 周年的大会上提出。习总书记强调指出，中国共产党人"坚持不忘初心、继续前进"，就要坚持四个自信。

随着大湾区建设的推进，精神财富的不断积累和增强，四个意识、四个全面、四个自信的作用将会越来越引人注目。实际上，这"三个四"是大湾区精神的核心，也是大湾区 IP 的坚固内核。"三个四"还将指导粤港澳大湾区的爱国主义教育、党建工作和大专院校的精神文化建设。这些对于大湾区的未来、大湾区 IP 的打造，都是必不可少的。

面对复杂的国际环境，必须在粤港澳大湾区加强爱国主义教育，在党中央的领导下战胜困难，取得辉煌的业绩。粤港澳地区原本富于爱国主义精神，今后还要将这一爱国传统发扬光大，并注入合乎现今时代精神的内容，主要包括四个意识、四个全面、四个自信。党建与爱国主义教育是联系在一起的。大湾区党建要从基层做起，要有计划、有步骤地开展，在广东要推进党建"标准+"模式，进行新兴业态基层党建，加强支部标准化、规范化建设，把各级基层党组织建造得更加坚强有力，打造出高质量的党建成果。还要在"三个四"的指导下进行大专院校的建设，要注重学校的党建工作，并进一步地在教师、学生中开展爱国主义教育。培养学生不仅要专业过硬，还要有坚定的政治方向。只有这样的年轻人，才是粤港澳大湾区建设和发展的希望，才能代表国家未来的发展方向。

习总书记在港珠澳大桥正式开通仪式上的讲话，强调深圳要"朝着建设中国特色社会主义先行示范区的方向前行，努力创建社会主义现代化强国的城市范例"。这也为粤港澳大湾区的建设指明了方向。大湾区要力争成为"建设中国特色社会主义先行示范区"，就必须贯彻"三个四"的精神和要求，在这一方向上不断推进。只有坚持"三个四"的方向，才能够深刻把握粤港澳大湾区建设千载难逢的历史性机遇，这也是大湾区各地全方位融入大湾区发展的康庄大道，并以融入粤港澳大湾区为契机，在深化改革开放的道路上走在前面。

粤港澳大湾区的价值和意义

国际上已经有一些成熟的湾区。从地域的观点看，这是由某个海湾或是彼此连接的若干个海湾、港湾，加上邻近岛屿及相邻内陆地区共同组成的区域。分析一下湾区的共同特点能够看到，沿海湾区所包含的城市群，一般都是现今世界上发展条件最好的，竞争力也是最强的。典型的例子有纽约湾区、旧金山湾区、东京湾区三个世界公认的著名湾区。甚至可以说，湾区已经成为带领全球经济发展的动力地区，也是引导技术变革的领头羊，由此产生巨大的经济效应。粤港澳大湾区的 IP 价值，也由此体现出来。

从所处地域上看，港澳因素以及粤港澳之间的深度合作，对于广东的经济发展与改革开放具有深远的意义。以往的发展经验表明，这是一个撬动广东改革开放的杠杆，也是加快经济增长和发展的助推器，影响波及周边和全国。在目前经济发展的新阶段，港澳因素还是推动广东改革开放的支点，由此可以促进广东发展方式的转变和升级。主要包括两个方面的转变：一是改变三十多年来的前店后厂式经贸格局，升级为领先的制造业加上现代服务业的典范地区，这又涉及制造业和服务行业的有机融合。二是从存在着某些局限的区域经济合作，升级为全方位对外开放的国家层面的经贸战略。

粤港澳大湾区的建设，为粤港澳城市群未来的发展带来了新的机遇，也必然会承受带动整体经济发展的新使命。这是因为目前的中国经济发展正面临着来自国际和国内的双重压力和挑战，亟须找到新的增长点和动力来源。从国际方面看，自 2008 年金融危机以来，欧美发达国家为保护自身的利益，开始兴起去全球化的贸易保护主义，这使全球经贸投资规则和经济治理体系都进入到调整期，对外向型经济所占比重较高的中国，产生极大冲击的，我国需要重新组建对外开放的格局。从国内的经济形势看，历经 30 多年的高速增长之后，经济进入到新常态，必须转型发展。这就推动了国内经济供给侧结构性改革。

正是由于国际、国内的双重挑战和需求，使得粤港澳大湾区的建设和发展备受关注，也因此被赋予了深远的战略意义，将为大湾区 IP 带来极为可观的前景。

第 **3** 章

粤港澳大湾区的企业责任与精神

企业精神：粤港澳大湾区企业需重视国际化视野

粤港澳大湾区 IP 的底气在于其不屈不挠、富于进取的精神财富，如大湾区的企业精神。大湾区的企业精神具有工匠精神的特点，又因为湾区的独特区位而具有国际化视野。中共十九大报告中提出："建设知识型、技能型、创新型劳动者大军，弘扬劳模精神和工匠精神，营造劳动光荣的社会风尚和精益求精的敬业风气。"其中的"工匠精神"是什么呢？就是企业精神，这是在企业生产经营中表现出的精益求精、严谨细致、追求完善的精神，不仅在细节上精雕细琢、一丝不苟，还在技术上和经营中锐意创新、进取开拓。

工匠精神一词原本来源于日本，本意是"细心做好手上的事"。其中，"工匠"在日语里的释义为职业者，含有负责任地做某一事情的意思，从词义的深层还具有更多精神方面的含义。日本的各行各业都存在许多这样的工匠，对于自己从事的工作有着接近于强迫症般的苛求。由于他们对自己的产品过于精益求精，就对自己的技艺充满自豪，以至于到了自负的地步。当然，对于自己的工作也是不知疲倦并追求尽量的完美。如果质量欠佳的产品流通到市场上，会被这些具有工匠精神的日本人看作是一种屈辱，但原因并不是金钱上的损失。乔布斯非常敬佩盛田昭夫，就因为盛田昭夫身上有一种根深蒂固的工匠精神。

当工匠精神一词传入中国之后，人们纷纷对其做出解释，并赋予新的含义。实际上，相对于大湾区的企业而言，缺少的并不是工匠精神，而是要克服某些不利因素，将自身所具备的匠人精神发扬光大。

粤港澳大湾区的发展有着与东京湾近似的地方，包括作为企业最初发展动力的这种工匠精神。当然，大湾区的发展是从制造业开始的。东京湾的发展有所不同，开始时依靠港口发展物流行业，但后来转向制造业，使许多制造业企业在东京湾区集中。这些制造企业在此聚集之后，就依靠工匠精神，凭着过硬的产品和技术，从东京湾走向世界。这些企业的典型有东芝、索尼、京瓷等。京瓷的创始人稻盛和夫被称为日本的"经营之神"，他曾说过："企业家要像工匠那样，手拿放大镜仔细观察产品，用耳朵静听产品发出的声音。"索尼产品从照相机到 VAIO 系列，从起初的 Walkman 到 MD（Mini Disc），无不是小而精、小而全的精细设计。这都反映出索尼的工匠精神。"日本制造"之所以能享誉全球，与日本企业不断地钻研技术使产品做得更好密不可分。在这一过程中，又贯穿着精益求精的匠人精神。当年珠三角企业的崛起，同样也离不开工匠精神。

哪里有制造业的发达，哪里就有匠人精神。东京湾制造业的发展，离不开工匠精神；珠三角过去几十年制造业的发展，也离不开工匠精神。粤港澳大湾区将来的发展同样离不开工匠精神或企业精神。

粤港澳大湾区的发展需要学习各个国际湾区的经验，汲取其优点。就企业精神而言，粤港澳大湾区要多学习东京湾区建设中的工匠精神，要将日本工匠精神的精华，加以本土化，以更好地推动粤港澳大湾区的发展。日本的工匠精神有一个突出的支撑点就是日本企业的"终身雇佣制"。在日本，很多员工都在某一家企业工作一辈子，日本的职员很少跳槽，用自己的一生从事一项工作，钻研到底。将一件事做好了，还要做得更好、更完善，由 A 到 A+再到 A++。但粤港澳大湾区的情况不同，大湾区企业的跳槽率很高，人员流动频繁，有的企业是人来人往。对于一名员工来说，一般不会在某企业、某行业工作一辈子，即使三年、五年，有时也不一定能够做到。这无疑削弱了大湾区的工匠精神。这就需要在产业制度和企业经营机制等方面做出创新，增加企业的吸引力。

而在个人层面上，就需要加强员工的培训，培养员工对自己负责的精神。这就是说，要从对个人有益的角度，来建立和强化大湾区的工匠精神，坚固地树立这种精神。即使无法一生钻研一种产品，也应该在从事某个产品的制作时能够负责任，注意其中的细节，使制作出来的产品尽善尽美。这样的工匠精神关系到市场的成败，但也不全是与市场相关联。

粤港澳三地已经有许多制造业企业，随着大湾区的发展，将有更多的制造业企业来到大湾区。这就使进一步弘扬和优化大湾区的工匠精神变得更为迫切。要在大湾区的工匠精神中添加创新精神的要素，并借鉴其他湾区的经验，坚固其原本的含义。由此重新拾回大湾区创业之初原有的企业精神，在新的高度上再次创业、创新。

随着粤港澳大湾区的崛起，越来越多的大湾区企业走向世界，粤港澳大湾区必然会持续名列世界级大湾区的前列。这就要求大湾区的企业具有国际化的大视野，而且，这样的视野要与大湾区的企业精神相结合，成为其企业精神的一部分。只有这样，才能在粤港澳三地的建设中，打造名副其实的国际一流大湾区 IP。

作为与纽约湾区、东京等湾区并列的世界四大湾区之一，粤港澳大湾区的建设和发展已经上升为国家的战略，大湾区也正在成为引领全球技术变革的领头羊和世界经济发展的重要增长极。这也对大湾区的企业提出建立国际视野的要求。只有如此，才能够学习国际经验，更快、更好地建设大湾区。一般而言，建立一个创新的增长经济，大约需要 10 年的时间。而粤港澳大湾区的建设，可以借着国际视野，学习美国和日本的经验和教训，尤其是硅谷经验，这样就可以减少开发新经济系统所需的经济成本和时间，用学习来弥补经验的差距。从目前来看，值得向全球成功湾区学习的经验有许多，例如，打造高效而敏捷的公共服务、建立包容而开放的政策环境、吸引国内外资本的关注等。以国际化大视野学习全球经验，必能促进粤港澳大湾区企业的创新发展，继而持续地产生一大批具有全球竞争力的创新型产业集群。

国际化大视野，还使越来越多的大湾区头部企业和创业企业，将用户增长的战略重心放到了海外。而大湾区新一代的创业者往往更具有国际化视野。广州汇量科技就是一个以国际化视野作为企业精神的例子。这家创业仅 6 年的本土创新企业，一直专注于帮助国内的移动互联网企业走向全球市场。汇量科技以广州为出发点，依仗着区位优势，已将业务顺利地扩展至全世界。在创业早期，这家企业专注于帮助内地企业出海到东南亚。广州的区位优势对落地当地而言，可节省大量资源，如金钱和时间成本。例如，拓展东南亚的当地客户时，不用一开始就在当地设立办公室，因为出差东南亚比较方便。

民族精神：粤港澳大湾区新时代中华文化内涵

优秀的传统文化是大湾区融合建设的桥梁和纽带，又是重要的载体和媒介。而且，随着粤港澳大湾区的进一步崛起，还将进一步展开国内外全方位的文化合作与交流。在中华文化的内涵下，将汇集岭南文化、珠江文化、海洋文化、近代文化、华侨文化、新旧时期的移民文化，展开内容丰富的合作与交流。这其中还包括虽属分支，但内容同样十分丰富的广府文化、客家文化、潮汕文化等。这将保障和推进大湾区战略的全面实施，弘扬民族精神，为中华民族伟大复兴和中国梦的实现，做出粤港澳三地应有的贡献。

大湾区具有丰富多彩的文化传统，其中，珠三角的文化传统以岭南文化较为突出，而在岭南文化中，又以广府文化深具个性特色。当然，无论是岭南文化，还是广府文化，都是中华传统文化的一部分。珠三角的广府人爱乡、爱国，乡土观念很强，许多珠三角的海外华侨无论走到哪里，都记得自己的故乡是在广府，甚至过了几代还要认家乡。广府文化中的民族性很强，而这种民族性又是以中华文化为内涵的。

从珠三角最早开拓了中国走向世界的海上交通线，即海上丝绸之路，这一条路线保持着千年不衰之势，并持续发展。将中华文化中的优良文明带到世界各地，如陶瓷、丝绸、香料等，还有中国为世界作出重大贡献的"四大发明"。历史悠久的海上丝绸之路，对广府文化和广州城市的发展产生了基本而持久的影响。广州是海上丝路起点的中心，这就使广府文化染上了深深的海洋性。珠三角的广府文化是岭南文化极具个性和影响的一派。而海洋性也是整个岭南文化的特点，主要反映出务实重商的价值观，以及进取开拓的精神，其海洋性则表现为开放兼容的观念。珠三角的文化还有一个突出的秉性，那就是"敢为天下先"。广府人敢于出国冒险，这使得进取开拓成为他们最大的特点。这些与生俱来的秉性，促使他们自然地更进一步地追求自立自强。对于广府人而言，迈开步子大胆创业、创新不是一句空话。这就预示着粤港澳大湾区的大融合，必将在创新的基础上焕发新时代的中华文化内涵，在优良的大湾区 IP 中彰显民族的精神。

如果对粤港澳大湾区进行文化溯源，可以清楚地看到珠三角广府人的身影。早期的广州人大多来自广东南海。清末已经有"小广州"和"大广州"的分别。大广州就是现在常说的"广府"，全称为"广州府"，居住在广州府里的人，叫作"广府人"，也就是广州人。清末时期并没有广州市一词，"小广州"指的是省城。但这个"省城"范围很小，西面至人民路西门口，东到当今的大东门，南达大南路、北临小北花圈。出了这一个区域，就不是广州。

当年英国人在香港创办怡和洋行，形成比广州更有营商潜力的势头。这些人还纷纷切割业务，从广州迁往香港。这些举动又引起整个广州的富人商业圈成群结队地随潮流放弃广州。仅数年时间，整个富裕阶层，一户户地跟随英国人的做法，迁移到香港发展。这就将广府文化也带到了香港，使香港的文化在中西交融中具有深厚的传统因素。

珠三角的传统文化也早已传到海外。在近代史上，珠三角最早向海外移民，这使世界增添了来自珠三角的华侨华人族群，粤语也成为一种世界性语言。由此又将中华文化带到全球各地，将中国传统文化传向西方。此外，现代西方文明最早从珠三角传入中国，既有"中学西渐"，又有"西学东渐"，为中华文化和中国民族精神的发扬光大做出重要贡献。最早吸收西方现代文明的珠三角文化精英，提出了一系列近现代政治学说，为中华民族的发展和独立作出了卓越贡献，同时也为全球民主和民族独立运动作出了贡献。在这一过程中，又为广府文化增添了全球现代文化因素，使之成为一种具有全民族及国际影响的文化。

广、深等珠三角地区，将凭借粤港澳大湾区的战略部署，与港、澳携手，弘扬中华文化的内涵，振兴民族精神。在文化建设、生态环境、区域规划、城市管理、经济产业等各方面全方位引进实用和先进的国际经验，更新区域和城市发展的布局和格局，推动粤港澳大湾区的融合发展，并融入到世界发展的大潮流中。

粤港澳三地文化的共同基础早已有之，大湾区本来就由多样性文化交融构成，不仅有传统的岭南文化，还有国际大都市文化等。同时，还具有文化同源、语言习俗相通的特点，具有认同性、同声同气和亲近感等天然属性。但这都是中华文化的一部分，因此，粤港澳大湾区的灵魂和人文核心是由中华文化所构成的。

在粤港澳大湾区融合发展的过程中，有一个不太引人注目却又相当重要的中心元素，那就是人文价值链。这一元素是纽约、旧金山、东京等湾区所不具备的。也就是说，粤港澳三地的文化既继承了优秀的中华传统文化，又吸取了全球的先进文明，形成了其特有的人文价值链。这是一个创造大湾区IP精神价值的动态过程，在这一过程中民族精神得到了发扬光大。在现今的时代，科学文化与人文文化相互汇集，共同形成民族精神的内涵。这也是粤港澳大湾区文化的重要特质，表现出新时代中华文化的本质，凝固成大湾区的民族精神。

在粤港澳人文价值链的增值过程中，必然会以优秀的传统文化和民族精神，形成粤港澳大湾区的纽带。这意味着，粤港澳大湾区的文化发展，是以中华优秀的传统文化为最重要的文化纽带，形成新时代的中华文化内涵。这将成为三地城市群共同的人文价值链，产生最具竞争力的软实力，形成国际一流的大湾区IP，以此进一步推进和保障大湾区战略的全面落实。大湾区的文化和民族精神，使之堪与国际一流的湾区相媲美。在东京湾区，集聚了丰田、索尼、三菱等现代高端的制造企业；旧金山湾区有苹果、"脸谱"、特斯拉、领英、谷歌等前沿科技和互联网企业；纽约湾区则是国际金融与投资的中心。而粤港澳大湾区有着高端专业人才和高等教育资源丰富的香港；珠三角过去是"世界工厂"，现今则升级转型，产生了华为、大疆、腾讯、网易等诸多高新科技企业；湾区内各城市产业集群的关联性支撑，还将推动粤港澳大湾区进一步升级发展。

粤港澳三地文化凸显新时代的特征。大湾区的文化只有协同发展，才

能形成强有力的 "乘数" 作用，弘扬以中华文化为内涵的民族精神。大湾区文化的协同发展，将使粤港澳三地找到文化共鸣之路，创新之路也会铺得更开，给科技产业的创新带来新的、更大的空间。

社会责任：准确定位、审视问题、推进开放

粤港澳大湾区发展过程中的社会责任，分为宏观和微观两个层面，在微观层面上体现为企业的公益观念及其实施。对于企业而言，公益是利他的，这是企业的社会责任，主要表现在对利益相关者负责任，这包括从员工到消费者和债权人，大的方面则有社区、环境、社会等。凡是利益相关者都应该包含其中，这样才有利于社会的良性发展。而粤港澳三地在微观层面强化企业的社会责任和公益意识，关系到大湾区 IP 的质量。

企业的社会责任，也是分层次的。按卡罗尔（Archie B. Carroll）的观点，企业的社会责任呈金字塔结构。从下至上是经济、法律、伦理等责任，顶层的责任无法强制界定，名为 "愿尽责任"。看一家企业承担社会责任达到什么样的水准，就要看金字塔顶似乎比较模糊的那个最高层次标准。这需要企业在 "愿尽责任" 层面进行更具广度和深度的实践，需要企业在社会责任方面做出创新。

从宏观层面来看，粤港澳大湾区融合发展的社会责任，体现在准确定位、合理分工这一客观要求上。这就要求大湾区各地认真地审视问题，推进自身的开放。

大湾区发展所产生的社会责任，要求各地对自身有准确的定位，并在此基础上实现开放及大融合，以加速粤港澳大湾区的发展。从当年包括整个大湾区的广州府，到现今的粤港澳大湾区，珠三角各地从合到分，又从分到合，迫切需要的不仅是互通、互认，更需要促进大湾区内部合理的分工和协作，避免重复建设和内耗，实现高效率的建设。只有这样，粤港澳

大湾区才可能以自身的实力参与到全球一流城市的竞争中。而这首先表现在港、深、广三座城市的定位和分工上。

实际上，香港全球金融中心的地位早已确立，在未来的大湾区建设中，也必然成为大湾区的金融中心。在这一格局下，广州应避免重复建设所致的无序竞争，选择发展特色金融业的差异化道路，将自身建造成为大湾区的金融服务城市。

在"一带一路"建设的大背景下，央企财务管理中心和国新央企基金投资运营中心都将落地广州市的南沙。此外，一批大型金融服务企业或其事业部门也落户广州市。如华电集团金融板块、中国高铁走出去基地都在广州落户。而中证报价南方运营中心和中国银河南方总部，将在广州设立全国大宗商品交易中心和私募股权交易中心。南沙将在广州的金融定位中扮演重要角色。位处粤港澳大湾区地理中心的南沙，不仅将在有形商品的集散中发挥重要作用，随着大湾区建设的发展，还将参与生产要素在全球的配置，成为国际性生产活动综合资源的一个配置中心。当然，目前南沙面临社会交易成本相对较高的难题，这需要通过湾区内的开放予以解决。例如，对于南沙融资成本高的问题，可通过与香港协作建立境外人民币回流资金池予以解决，这相当于深港通和沪港通。南沙还可推进与香港的公共服务对接，从而全面引进其经济体制，并根据自身需要实行与香港对接的商务制度、财务制度、法律制度，以全面改善与国际惯例存在较大差距的营商环境。广州通过合理而明确的金融定位，就可避免重复建设的误区，解决相应问题。这将逐渐缩小广、深之间金融业年均增值的差距。

大湾区各地的准确定位和推进开放还表现在港口贸易和物流上。与纽约、旧金山、东京等湾区相近似，粤港澳三地拥有多个世界级优良海港。其中，深圳港排名世界第三、香港排名世界第五、广州港排名世界第七。由此形成发达的湾区经济带，具有良好的投资环境、完善的基础设施、现代化的交通体系等，这些都为资本、人才、产业的集聚提供了保证。从2017年港口集装箱吞吐量看，深圳达到2550万标箱，广州达到2050万标箱，香港约为2000万标箱，三个港口的吞吐量差距并不算太大。

未来香港的定位，将会是一个以国际货运中转为主的港口，这与新加坡的港口职能相似。香港有着完善的金融、法制环境，世界各地的物流货轮更愿选择香港作为中转。香港的中转港地位将是无可取代的。而深圳、广州的港口定位，将是经济腹地的货物进出口港。根据过去的资料，珠江西岸的制造业各重镇及中山等地企业，一般会选择深圳港进行货物出口。广州的南沙港兴建后，中山、佛山等地的物流已逐渐转向南沙港出口。目前三地港口所覆盖的腹地存在着重叠，尤其是深圳、广州两港的重叠较多。

可见，三方对自身做出准确定位，合理地划分腹地范围，彼此协调，将会对大湾区内物流业的发展起到推动作用，进而促进大湾区经济的发展。从目前的情况看，广州港可覆盖珠江口西岸、粤北、广西北部及中部、湖南及贵州等腹地货物的进出口。深圳港可主要从事珠江口东岸、江西南部等腹地货物的进出口。香港则成为一个国际中转港口。这样，三个港口分工各有不同，广、深两港覆盖不同地区。

现在深中通道、虎门二桥、港珠澳大桥等跨珠江通道均已完成，而珠三角的经济版图与空间结构正在更新中，"一小时城轨交通圈"也在改进和建设之中。这都将大幅度促进大湾区各地之间的互联互通，并推动粤港澳三地之间资金流、人才流、信息流、物流的顺畅流转，为最大限度地推进大湾区城市群之间的开放预备条件。

广深港高大桥和铁港珠澳的开通，将有效地打通珠三角西部与东部两大经济圈，这就使以港、广、澳三点划定的大湾区中心地带全都融入"一小时生活圈"。粤港澳三地将形成联系广佛、港深、澳珠三大经济圈的快速交通网，珠江口西岸地区与港澳的融合将会更加的深入，粤港澳大湾区的大融合和一体化将迎来全新的局面。粤港澳大湾区的构想在本质上近似于一个国际级特大都市区，这种融合远远超过三百年简单相加的广州府。通过准确定位和推进开放，避免无序竞争和重复建设，这就使大湾区各地在粤港澳大湾区的建设中各尽其责、各司其职，共建具有全球竞争力的珠三角都市圈，并使大湾区 IP 具有全球影响力。

当然，粤港澳三地应该以更开放的新经济体系进行准确定位，这包括大湾区"9+2"城市之间的全面开放。并通过制度创新与深化改革，促进各种经济要素在大湾区内高效配置与自由流动，形成一个代表全国参与国际竞争的经济高速增长区。

国家承载：创新发展、区域发展和新型城市化战略

粤港澳大湾区是中国科技创新资源最集中、新兴产业发展最活跃、经济活力最旺盛的地区之一。大湾区承载着国家的创新发展战略，成为中国参与国际科技和产业竞争的重要空间载体。在粤港澳三地，汇聚了香港科技大学、香港大学等多所国际一流大学，还集中了华南理工大学、中山大学等一批国内著名重点高校，拥有40多家国家重点实验室及其伙伴实验室。雄厚的科技资源，推动了中国超算中心、中微子实验室、国家基因库、散裂中子源等重大科技基础设施的建设，为大湾区科技创新提供了强大的技术和人才支撑。

粤港澳三地高科技创新产业基础雄厚，互联网、电子通信、生物医药等新兴产业得到快速发展。大湾区内聚集着华为、华大基因、大疆、中兴、比亚迪、腾讯等一批国际一流的创新型企业。大湾区的PCT国际专利申请数量占到全国的50%，凸显出粤港澳三地强大的科技创新能力。而在大湾区各地中，深圳发挥着湾区创新中心的龙头带领作用。随着粤港澳三地大数据、物联网、人工智能等新兴信息技术的发展，湾区内的传统制造业将借助于高新技术的渗透作用进一步转型升级。

在大湾区创新经济的带领下，东莞、佛山等传统制造业中心，目前也正朝着智能制造的方向发展。以美的、格力为代表的制造企业正逐步向高端制造业转变，它们除家电业务达到国际领先水平之外，还大力研发基础工业技术，为企业的战略转型储备力量。目前，生物制药也已成为大湾区一些城市的支柱型产业。从2009年开始，深圳就重点打造生物医药产业群，

华大基因等高新生物医药企业已具备国际一流的专业技术水平。广州也积极发展生物制药产业，一批大型生物制药生产中心及研发中心选择落地广州。这些都反映出大湾区企业家的家国情怀和企业家精神。

随着大湾区的融合发展，港澳两地对内地科技、经贸的推动作用逐步加强。2018 年 9 月，香港与科技部签订了《科学技术部与香港特别行政区政府创新及科技局关于开展联合自主研发项目的协议》及《内地与香港关于加强创新科技合作的安排》。香港将利用其科研和金融服务平台的优势，推动大湾区成为全球一流的创新中心。

粤港澳大湾区的发展承载着国家区域发展战略。大湾区发展战略的核心，就是要将粤港澳三地"9+2"城市集群打造成与纽约、旧金山、东京等湾区并列的全球四大湾区之一。这与建设国际级城市群、提高国家竞争力的国家区域发展战略相一致。

现在世界 70% 的工业资本和人口集中在湾区，湾区城市群经济以高产出、高科技投入的特征，形成带动区域乃至全国经济发展的引擎。而粤港澳三地已具备创建全球级湾区经济的基本条件。大湾区"9+2"城市的 GDP 总额也已突破 10 万亿元，经济总量已达到与纽约湾区相近的水平，超过旧金山湾区。粤港澳三地区域经济的增速高于 7%，GDP 增速居世界湾区第一。实际上，世界湾区经济的发展存在着共性，那就是凭借现代都市圈集聚效应与海港自然地理条件，运用交通运输、科研等优势，建造出服务业高度发达、具经济集群效应、金融服务完善、创新能力强的发达经济模式。大湾区正是在走这样一条区域发展道路。

珠三角作为中国最早的改革开放地区，具备良好的经济基础与改革创新的制度优势。从珠三角到粤港澳大湾区，成为国家区域发展战略的顶层规划之一，必将形成国家经济发展的新增长点。在现今质量经济发展的时代，大湾区经济转型的关键在于怎样建立起自主创新的、具有国际竞争力的现代产业体系。与以往珠三角与港澳的合作不同，粤港澳大湾区的发展更强调融合和开放，注重消除大湾区内的不均衡发展，实现三地各城市的协同发展，在新的战略机遇的基础上，形成整体的区域经济发展态势。

在中国三大沿海城市群中，粤港澳大湾区的城市群表现突出，如深圳、东莞、中山、广州、珠海等。而湾区内其他城市的人均 GDP，也达到了全国的平均水平。而大湾区承载着国家新型城市化战略，以新型的城市体现大湾区 IP。具体表现在以下几个方面：

一是走完善城市功能的新型城市化道路。这就是说，不断增强湾区城市的综合承载力，在完善功能的基础上不断培育城市特色和个性。将新型城市化与现代化、集群化结合起来。

二是完善和优化城市和城际交通。注重发展城市轨道交通，特别是发展郊区和城市之间的轨道交通，增加以服务业为主导的轨道交通。形成物流和人流并重的交通格局。

三是将新型城市化与和谐社会的建构相结合。打造和谐城市，在大湾区城市中建成结构稳定、利益协调、公平公正、安全有序、充满活力的形象和风貌。

四是提升大湾区人口要素的活力。珠三角地区外来人口占总人口的比重大，大湾区实施新型城市化战略，就要解决好外来人口问题，为外来人口在大湾区城市长期发展创造条件。

五是促进农业转移人口的市民化。落实国家提出的农业转移人口市民化战略部署，鼓励外来人口的落户就业。这体现城市对就业人口的需要，而这些人口的第二代也是城市中很具创新能力和活力的人群。

六是湾区的新型城市化将走集约高效的道路。突出循环经济，充分发挥空间聚集功能，加强信息、技术、知识的作用，降耗、节能，以规模化的新型工业化方式建设宜业城市。

七是适应逆城镇化的趋势，推动城市资本落地郊区。进行乡村集体土地制度的改革，企业和乡村共建工业园，激活乡镇工业的闲置土地。

八是城市新区和产业园区互补发展。例如，广州南沙新区集中高附加值和高科技产业，而其他产业则到外延小城镇和大湾区其他城市发展。

九是实现城市生态化和环境友好。也就是加大污染治理的力度，减少污染排放，强化城市的生态建设，促成城市环境、人与自然的和谐相处。

第 **4** 章

粤港澳大湾区的创新与发展

体制创新：推动三地协调、融合发展

党的十九大报告指出，支持港澳融入国家发展大局，以粤港澳合作、粤港澳大湾区建设、泛珠三角区域合作等为重点，全面推进内地与香港、澳门的互利合作，制定和完善便利港、澳居民在内地发展的政策措施。这就提出了粤港澳三地要进行体制创新的要求，而粤港澳大湾区的体制创新是一个有难度的系统工程，又是建构一体互联的大湾区 IP 所必需的。

与长三角地带（以上海、江苏、浙江为主的区域）及京津冀地区相比较，粤港澳大湾区的协调、融合发展，存在着一个很大的挑战。这是因为粤港澳三地在政治、经济等方面存在较大差异，而地域之间制度的互补性、多样性虽能给合作带来共同利益，但也可能产生彼此之间的不协调。具体而言，粤港澳大湾区各地之间的差异是一个需要认真直面的问题，这些差异主要包括：粤港澳三地分属不同的关税区、三种货币，采用不同法律体系，实行不同社会制度；各城市和地区之间发展不平衡，利益要求也不尽相同。而且，早期珠三角的发展仅是将香港的制造业移至珠三角地区。目前粤港澳大湾区的建设与此不同，粤港澳三地的合作势必要升级。而更具高端价值的香港服务业进入内地，一方面需要政策的协调、引导，另一方面需要广东珠三角地区产业结构的优化。

解决由差异而产生融合发展的困难的关键就在于体制创新。而大湾区的体制创新，要着重于湾区各地融合互动，以推动三地协调、融合发展。

粤港澳三地的确具有很多优势，却也存在协调性不够强这样的大问题。不仅各地之间存在同质竞争，还有各自为政、行政分属的问题。只有在深化合作的基础上形成融合互动的体制和格局，才能根本解决协调性不强的问题。这应该成为粤港澳大湾区融合发展规划的关键且核心的问题，融合互动的体制也必然成为大湾区建设发展的有力保证。进行这样一个体制创新，需要机制、平台、智慧和魄力，也需要开阔的视野和博大的胸怀。要建立粤港澳大湾区的融合互动，还需要打造体制创新平台、制定共同的行为准则、坚持一体的规划、共同打造合作园区、建立协商机制、设立三地联办模式等。而粤港澳大湾区的"一国两制"、双法律、双关税体系，形成了一系列现实问题。这就需要寻找湾区各地规则可打通、可接轨的最大公约数，从深层推进融合互动的体制创新探索，以形成衔接三地的通用体制和机制。

粤港澳大湾区的体制创新必须有所突破，以解决三地体制衔接的关键问题。否则，大湾区的合作没有体制上的保证，就只能是一种物理作用或机械式的联合。其中，没有发生化学反应，就达不到融合的效果。粤港澳大湾区的建设要求体制创新，可以说，这是一个有着千头万绪的尝试。如果从经济学的角度考虑和分析，则应该从公共品开始进行体制创新。这样比较容易入手进行。

如在供电、供水、垃圾处理、环境保护等公用事业方面，组成粤港澳三方参加的股份公司，各方共同管理和投资，共同解决民生问题。由此使粤港澳大湾区居民感受到三地合作的成果，从而进一步促进粤港澳大湾区的大融合。又如，在进行体制创新的同时，可以优先考虑港澳居民往来内地遇到的困难，从消除政府层面的障碍入手，打通各个交流环节，由此而实现通关的进一步便利化。实际上，这可以为粤港澳三地的合作提供机制和体制上的基本保证。当然，也可以从制度环境、基础设施、道路交通等公共品入手，这些都是湾区内各要素顺畅流动的前提，也是政府管辖范围之内的事情，容易进行。

而在产业的规划上，也应该有三方联动的体制创新，使规划具有长远的性质。这就需要先完善公共基础设施的建设，使各种要素都能够充分地流动。然后形成大湾区各地的产业聚集，体现各地的专业化特征。

对于珠三角和广东而言，体制创新的突破口，还在于加快粤港澳大湾区服务贸易的一体化进程。而实现三地服务贸易一体化，将会有利于加快珠三角的发展和产业转型升级，形成对外开放的新优势，并在"一国两制"的格局下，通过体制创新而推动三地协调、融合的发展。体制创新还需从改善珠三角的营商环境着手进行，按世界通行规则，提升营商环境的国际化、便利化、法治化的水准，缩小营商环境上与港澳的差距，这将大为增加三地之间的合作可能性和空间。

体制和其他方面的创新发展是打造一流大湾区 IP 的主要路径。但有一点需要加以特别注意，大湾区的创新和发展，应该包括对珠三角公益文化精神的弘扬和建造，这是涉及大湾区 IP 质量的原则问题。

制度创新：打造新的开放新高地

在世界四大湾区中，粤港澳大湾区最具特殊性，这是因为大湾区有两个特别行政区、十一个城市，形成一个国家、两种制度、三个特别关税区、三种货币、四个核心城市的格局。在粤港澳大湾区的规划和建设中，还承担着国家经济发展和改革开放过程中的特别战略任务。因此，粤港澳大湾区的发展，需要进一步的国际化、一体化、全球化。在这样一个融合发展的过程之中，"一国两制" 既是粤港澳三地建设的最大优势，又是最大的制约。这种制约主要体现在两种制度所引起的多方面隔离，需要通过制度的创新予以消除。这就使制度创新成为大湾区建设的关键，而未来的大湾区 IP 也必然会反映制度创新的特点。

从制度的层面看，粤港澳三地的不同，尤其体现为法律制度上的不同，这就导致配置资源方式的差异，成为阻碍大湾区城市群融合发展的重要因素。正因为制度层面的差异，造成港澳虽已先后回归祖国，且都处在同一个湾区地域，但仍有许多不必要的阻隔，如人员交流需有港澳通行证、货物进出需海关查验等。这类制度障碍对建设粤港澳三地的城市群尤为不利。可见，粤港澳三地必须逐渐打破大湾区内现存的港澳与其他九座城市间的阻隔，以形成真正的要素流通无边界的一体化粤港澳大湾区，借助制度创新促使大湾区成为货物、人员、劳务、技术、信息、资金等各种要素流动最活跃又最畅通的区域，使各种资源在粤港澳三地实现最有效的配置和最佳组合。而市场在资源配置中的决定性作用，对于粤港澳大湾区的发展和建设至关重要，这是制度创新首先要考虑的一条核心原则。

当然，粤港澳大湾区的融合发展，必须保证"一国两制"的基本格局，这就意味着粤港澳三地的制度创新，将是沿着政治两制、市场和社会一体的方向进行。

在目前的大湾区发展格局下，香港可以作制度创新的推手。珠三角在经济领域应在国家的支持下深化经济体制的改革，使香港的经济政策和体制逐步通过借鉴、移植、辐射的方式引入到整个珠三角，实现三地的经济体制和经济政策的一体化和全面融合。在深化大湾区合作机制的具体措施方面，从构建富有活力的广东现代化经济体系的角度，重点加快粤港澳大湾区国际科技创新中心的建设，推动大湾区三地资金流、物流、人流和信息流的互联互通，鼓励港澳的专业服务机构等优势企业到珠三角落户。还可考虑在深圳科创园区及港深创新及科技园设立试点区，探索深港科技创新要素的便利流通和无障碍配置，创建更简便、更有效率的通关模式和签证方式。

在社会和民生领域，应该推动大湾区三地相互衔接、相互融合、相互开放、相互合作和资源共享，使大湾区三地居民共享发展的成果，共享由政府提供的社会福利和社会保障、公共服务等。还要以制度创新促进大湾区城市群与粤东西两翼的合作，带动两翼的发展，使高端人才、跨国企业、国际先进技术等更多地进入广东，形成新的发展活力和倒逼机制。

总而言之，粤港澳大湾区的制度创新，应着眼于深化大湾区的合作机制并打造三地统筹协调机制，发挥深港在湾区的重要作用，优化湾区城市群的产业布局，构建可持续、多元化的区域合作资金保障机制，充分释放民生红利。由此为粤港澳的发展提供更大的空间和平台。

科技创新：推动发展模式的升级

纽约、旧金山、东京等国际湾区的经济之所以能够引领全球发展，可以归功于人才、技术和包容三大因素。其中，尤以科技创新的因素引人注目。以典型的旧金山湾区为例，该湾区依托高科技产业，带动旅游、金融以及多种服务行业的发展，产生了独特的刺激创新、鼓励冒险、容忍失败的硅谷文化。该地区宜人的环境、知名的高校、优秀的高科技公司及健康的创业生态，都吸引着大量人才聚集其中。政府充当的是环境培育者和创造者的角色，市场很少受到管制，在完善的市场规则之下，自发地由下而上形成创新的企业生态系统。而开放包容的环境氛围，也使旧金山湾区更加生气勃勃。

就科技创新而言，目前，中国只有粤港澳大湾区能够与硅谷所处的旧金山湾区相比。粤港澳三地拥有众多的科研院所和高校等资源，强大的基础创新能力，催生了数量众多的创新成果。以香港为例，具有技术领先优势的领域就包括云计算、生物医学、发光二极管技术、电动汽车、薄膜太阳能光伏技术和纳米材料等。而深圳快速发展的高科技型经济，为大湾区加上鲜明的创新标签。深圳现在已是全球公认的"硬件硅谷"，也就是世界第一大消费电子制造基地，由此孵化出了大疆（DJI）等一批硬件科技公司。深圳还将成为中国的"硅谷"。广州则聚集了丰富的科研平台和高校等资源，科技创新的支撑力量较强大，但与深圳比较，广州还缺乏科技型龙头企业。当然，大湾区这些科技创新资源都有待进一步的整合，在三地大融合的前提下，必将发挥出推动大湾区产业发展模式升级的巨大潜力和能量。

现在国际上新一轮产业革新、科技创新不断升级，制造业和高科技产业的跨界融合不断演进，新兴产业的更新换代不断提速，粤港澳三地迫切需要转变科技创新的发展思路。对于已有的产业优势、技术优势和科研优势，要在大湾区融合的基础上予以充分发挥。尤其要重点抓好平台型、支撑型、硬科技型产业所展现出来的发展机遇，如人工智能、数字经济、大数据等属于平台型和支撑型产业，基因技术、空间技术、虚拟现实、无人驾驶等属于硬科技型产业。而新材料、新能源、人工智能等，既属于平台型及支撑型产业，又属于硬科技型产业。这些产业领域堪称科技创新最前沿的阵地，又将引领未来产业发展的新方向。

在当前新经济兴起的背景下，产业边界更加模糊，产业的跨界创新将更显频繁。作为国际级湾区的粤港澳三地，要善于应对产业跨界带来的挑战，并充分利用其间的机遇，进行跨界的科技创新，促进大湾区发展模式的升级。目前，分享经济、数字经济、智能经济、平台经济是产业跨界的四个核心领域。因此，粤港澳三地应积极培育适合跨界的创新、创业环境和产业生态，由此打造大湾区产业的新增长点。硬科技是产业的基础，更是科技创新的基础和先决条件。在硬科技时代，知识产权的创造和前沿科技的突破，构成企业创新发展的关键和重点，粤港澳三地应加大对硬科技创业者的支持力度，促进对新技术和硬科技的集成和开发，推进其市场应用。

在粤港澳大湾区，有着深圳的创新经济和金融服务、广州的商贸服务业、香港的金融和国际贸易中心。此外，还有东莞、珠海、澳门等城市制造业和物流的辅助支持。大湾区将以科技创新为先导，推动发展模式的升级，形成具有国际要素资源配置能力和强大影响力的世界级科技湾区，将使其未来的大湾区 IP 更加绚丽夺目。

知识创新：知识产权创新发展

粤港澳大湾区的知识创新，主要表现为知识产权的创新发展。这是因为知识创新的成果转化，需要通过知识产权在区域间的运用与流通，由此，知识产权还成为沟通粤港澳三地的媒介。知识产权也是一种资本，具有使大中小型企业腾飞的力量，因此，知识产权能提升大湾区的竞争力，正成为粤港澳大湾区发展模式升级战略的一部分。实际上，知识创新已成为粤港澳大湾区未来经济持续增长的保证和动力，构成大湾区 IP 的核心部分。

知识创新是粤港澳大湾区未来发展的动力。粤港澳大湾区的 GDP 总量在 2016 年已超越旧金山湾区，这其中不乏三地知识创新所作出的贡献。在大湾区，香港的金融创新、文化创新遥遥领先，深圳的科技创新则在全国之首，广州也有巨大的创新潜力。为促进大湾区的知识创新，粤港澳三地已在知识产权等方面展开了多层次的合作。例如，三地的多家机构联合发起了粤港澳大湾区知识产权保护服务平台，携手保护大湾区的创新成果。实际上，知识产权保护制度是知识创新的基本保障，也是激励知识创新的手段。大湾区在知识产权保护方面的合作，将推动更加高效地保护知识创新成果，为湾区创新驱动的发展之路扫清障碍。

知识产权的保护，有利于粤港澳三地在知识创新的推动下，共同提升大湾区的核心竞争力。因此，大湾区要充分地发挥知识创新和知识产权对粤港澳三地创新发展的引领和支撑作用。积极地保护知识产权，还极大地改善了粤港澳大湾区的营商环境。世界银行关于 2019 年营商环境的报告表明，中国营商环境的世界排名跃升了 32 位，现在已经进入到全球营商环境前 50 位国家的行列中。这吸引了众多的企业到粤港澳大湾区发展。

正是因为大湾区对知识经济的重视以及对知识产权的保护，为高智公司（Intellectual Ventures）进入中国市场提供了有力的保障。在不太长的时间内，高智公司已经有 18 家初创公司，筹资已达到 7 亿美元，提供了 400 多个就业机会。高智公司的业绩表明，中国的知识产权保护取得了相当大的成就。而高智在中国市场借着知识产权的成果创造出的巨大价值，取得的醒目的绩效，都离不开知识产权强有力的保护。

南方电网是另一个借知识创新和知识产权保护而得到长足发展的例子。电力行业是科技知识和知识产权密集型行业。凭借综合国力的提升和经济的快速发展，南方电网的国际合作部门在国际化能力建设、技术输出等方面都表现出创新发展的全新格局。自"十二五"以来，南方电网不断加强技术研发，产生出许多高水准的科研成果。近年来，南方电网在与周边地区和国家的交流合作中，带动了一大批中国厂商进入"一带一路"沿线重点国家和区域，这些厂商又将一系列拥有自主知识产权的装备、设计、建设标准带到这里。例如，应用自己的专利，帮助老挝电网公司研制了一整套运行规则，又如支持巴西、韩国等地开展了大量的仿真研究项目，这都体现了大湾区的知识创新对"一带一路"建设的促进作用。

目前，粤港澳三地正进一步推进知识创新的区域融合，以促进知识产权的创新发展。一是继续在广州开发区打造大湾区的知识产权合作引领区，进一步深化粤港澳三地的仲裁领域协作，加快构建与香港知识产权交易所的合作模式和机制，推进粤港澳大湾区知识产权专家人才库的建设。二是在广州开发区打造完善的知识产权保护区，推动广东知识产权保护中心的建设，为粤港澳大湾区提供知识产权快速授权、确权、维权一体化的协作保护体系。而大湾区的企业借知识创新产品开发国际市场时，也得到相关部门的支持和指导，帮助这些企业适应当地的情况。例如，湾区企业在美国进行创新性产品销售时，就需要特别注意可能涉及知识产权纠纷的问题。美国国际贸易委员会（ITC）知识产权纠纷的处理机制中，特别强调"337条款"，而美国国际贸易委员会和联邦各地方在解决纠纷的程序上还有区别。

知识创新还必须融入到经济之中，才能大力推进大湾区的建设。也就是说，知识产权必须创新发展，与金融和产业深度结合，从而构建起一个知识产权创造、管理、保护、运营和交易流通的循环，并形成一个产业化、生活化、金融化甚至证券化的生态圈。实现这样的生态圈需采用重度垂直化和平台化的方式。这是因为知识创新和知识产权成果是为企业、为经济发展服务的，最终是为人服务的。而在信息革命快速发展的后互联网时代，知识产权是一个基础设施。

粤港澳大湾区经济体系的强大竞争力，来自于多个系统的跨界融合，其中包括知识创新和知识产权。媒体、创意、科学技术等方面的知识创新，以及杰出的文化产品都有助于促进一个地区的文化繁荣，进而带动整个地区的经济繁荣。

粤港澳三地是一个知识创新氛围浓厚的区域。在知识创新和知识产权的领域，港澳具有先进的创新文化基础，这尤其得益于良好的知识产权保护。而香港一直是一个具备国际竞争力的金融高地，这就使香港的影视行业等文化知识产业具有非常大的发展潜力。深、广两地则具备良好的高科技制造业基础，知识产权的储备丰厚。如果三地携手共进，共建强调知识产权保护的大湾区，共同建构尊重知识产权的社会氛围，打造一流的知识产权交易和保护体系，就能让知识产权为知识创新提供保障，又以知识创新促进知识产权的创新发展。这样必能引来全国乃至全球的创新人才落户粤港澳大湾区，构建一流的湾区人才库，由此必然会产生知识创新的聚变，为三地带来巨大的创新红利。

八方声音：专家共议粤港澳大湾区发展

粤港澳大湾区的发展，也表现为建造大湾区的城市集群，这就迫切需要将粤港澳三地的合作从经济领域扩展到民生、社会、教育等领域。这种多地区、多部门的发展格局，面临着更多样、更复杂的情况，需要创新思路。对此，在 2018 年的两会上，各方专家集思广益，纷纷展示自己的研究成果和思考，提出自己的建议。

例如，广东与港澳在法规、标准和具体政策上都存在差异，在实际操作时常常会遇到问题，不利于各种资源要素的流通。当大量的高端人才进入珠三角时，就会面对医疗、就学、就业、养老等问题，需要各级政府适时出台政策，相关部门进行指引和疏导，社会各方也应参与进来，帮助人才落地。

对此，国家发改委学术委员会秘书长张燕生研究员提出建议：一是构建全球高端资源要素、高端人才、高端市场的平台；二是中央需确立统筹协调机制，从全局出发规划大湾区长远发展。他认为，资金的融通、贸易的畅通、基础设施的互联互通都需要各地政府在政策上首先沟通，粤港澳大湾区城市群建设比珠三角以往的合作更加复杂。

对于粤港澳大湾区城市群的发展，国家部委的规划为广、深两市的大湾区角色加进国际性质。商务部公布的《服务贸易发展"十三五"规划》

提到，以广州、深圳服务贸易创新发展的试点为重要抓手，发挥广东自由贸易试验区的平台优势，深入推进粤港澳服务贸易的自由化，提升广东对于整个区域服务贸易发展的辐射带动作用。努力将泛珠三角构建成携手港澳、引领华南、辐射东南亚、面向全球的综合服务枢纽和服务贸易发展高地。

对国家部委的规划，腾讯公司董事会主席兼首席执行官马化腾进一步提议：建立粤港澳三地科技湾区的常态化合作机制，共同制定大湾区科技创新政策；尤其要发挥香港特有的"超级联络人"角色，为科技产业的创新发展穿针引线。

粤港澳大湾区与纽约、旧金山、东京等湾区还有较大的不同，这主要是因为粤港澳三地并不是在同样的政治经济体制下运行。

华南理工大学公共政策研究院莫道明教授认为，粤港澳大湾区其实是一个独特的中国模式。首先是因为政治制度不同，内地实行的是社会主义制度，而香港是一个国际自由贸易港，实行资本主义制度，这就与内地存在较大差异。其次是因为行政体系和法律体系的不同。他说："要探索出一种模式，本身就是一种创新。'一国两制'是粤港澳三地最重要的特征，又是最为重要的优势。"

中山大学粤港澳研究院副院长陈广汉教授表示，在"一国两制"的体制下，制度的互补性和多样性是粤港澳三地合作的优势，也可以成为推动合作的动力。

中山大学岭南学院博士生导师、教授林江也发表了自己的看法。他认为，在加强广东与港澳经济融合和协作的过程中，既要确保"一国两制"的实践不变形、不走样、不动摇，也要发挥各方的比较优势，这是摆在粤港澳大湾区面前的一个大挑战。而从全球金融的角度看，香港应该充当好"纽伦港"的角色，就是成为紧随纽约、伦敦之后的全球金融中心，以此紧密联系珠三角地区，成为国内企业境外最重要的人民币离岸结算中心、最重要的上市融资中心及中国最重要的资产管理中心。

另外，粤港澳三地需要充分发挥港、广、深三个中心城市在先进制造业和现代服务业领域中对湾区的引领和外溢作用，尽快产生一批类似于阿里巴巴、腾讯、百度的互联网新企业和新产业。再以大湾区的融合推动产业多元化、特色化，配合粤港澳三地国际级城市群的建构。

作为中国经济发展的重要引擎和改革开放的前沿阵地，粤港澳三地已经逐渐发展成为全球第四大湾区经济体。而粤港澳大湾区的经济总量在 1.4 万亿美元以上，高于旧金山湾区，处在西班牙和俄罗斯之间。对外贸易总额也超过 1.8 万亿美元，还拥有全球最大的空港群和海港群。粤港澳大湾区的发展成就令人耳目一新。

对此，深圳大学经济学院当代金融研究所所长国世平教授认为，一旦粤港澳大湾区发展取得进一步突破，深圳将不再称为"深圳市"，而应该叫深圳都市群。珠三角 9 座城市在世界上的地位令人很是惊讶。广州已经超过新加坡，深圳很可能在 2018 年赶超香港，珠海与意大利佛罗伦萨相近，佛山将追上阿姆斯特丹，东莞已超越拉斯维加斯，中山已超过日内瓦，惠州已超越德国不来梅，肇庆与英国利物浦相近。当粤港澳大湾区建立起来以后，必然会成为全球最大的城市带。

第 **5** 章

粤港澳大湾区的大融合

粤港澳大湾区为什么必须实施大融合

目前的粤港澳大湾区有着 5.6 万平方公里的广阔空间，6956.93 万常住人口，经济总量约占全国的 12.17%，GDP 生产总值过 10 万亿元。经济总量与韩国持平，位居国际四大湾区之列。这是全国经济最活跃的地区，也是深具发展潜力和空间的国际级经济地区。但大湾区的进一步发展，面临着加强区内协作和融合的问题，尤其是港、澳地区与区内其他地区的协作，这也是打造粤港澳大湾区优质 IP 的需要。

粤港澳大湾区有九市、两区，已经形成多元中心的格局。区内九座城市的核心竞争力相当不一样。香港在服务贸易、国际金融等方面，不仅在全国领先，在世界也名列前茅。广州是一个交通枢纽，又是华南地区的商贸中心、文化中心。深圳的竞争力，表现在创新和科技方面。澳门、珠海有着旅游业的优势和发展潜力。中山、佛山、东莞、惠州、江门有着各具特色的制造业，都有向高端制造业差异化发展的潜力。在这一格局下，广、深、港、澳等中心城市需要加强对外围城市的外溢作用，而区内各地也需要加强互动和互补。这就对区内各地实现大融合提出了强烈要求，以充分整合各方资源。虽不是要打破多元格局，形成一元中心，但形成一致的合力还是非常必要的，这也是建造一流的大湾区 IP 所必需的。

对于粤港澳大湾区，近来有一个流行的说法，就是"1234"，指的是一个国家、两种制度、三个关税区、四个核心城市（港、澳、广、深），粤港澳三地的技术进步、金融创新进展得怎样，关键就看港、澳、广、深四座城市能否促进彼此的融合，以带动粤港澳三地的大融合。三地的大融合，又是大湾区发展的关键。

粤港澳大湾区需要大融合，以培育高端制造业为重点的产业集群。中国经济依靠各地产业集群的协作和互补，形成了世界最大的制造业基地，相对于全球其他经济体，在制造业方面成为世界工厂。大湾区内也有相似的情形，深圳和东莞的电池、广州的汽车制造业，都以自己的地域特色，在相应地区发挥出自己的核心竞争力。这就要求区内各地以更大的力度加强交流和合作，打造大湾区整体的制造业优势。大湾区高速发展的前景，还有赖于打破区内有形或无形的贸易壁垒，提升整体市场化水平，实现要素市场及产品市场的充分自由流动。也就是在这些领域实现融合。这又要求金融的一体化、贸易的便利化、投资的双向化。以投资为例，港澳与湾区各地的双向流动，必将因资本的流动而带动金融业的协同发展，推动大湾区各大产业的增长。而由此得到的管理经验，将促进外企来华投资，也促进中资企业走向世界。可见，在大湾区实现大融合有多么重要。

当然，大湾区的发展，还要求人才流动的自由化。这包括港、澳人才来内地工作签证的便利化等。这同样也要求粤港澳大湾区的大融合。

为发挥大湾区整体经济效益，打造出类拔萃的大湾区 IP，粤港澳三地必须紧密地分工合作、优势互补，建构以港、广、深为主导的城市群，在产业和功能的分工上形成有序的联合。这就要求大湾区各地加强协作，以至于实施粤港澳的大融合，增强这一地区整体的国际竞争力。只有推动大融合的发展，才能在大湾区建设世界级的城市群，推进国际一流湾区的建造，使粤港澳大湾成为更具活力的经济区，以及宜居、宜业、宜游的优质生活圈，并成为内地与港澳深度合作的示范区。这就是说，要进一步挖掘大湾区的潜力，实现粤港澳大融合将是一个关键。

有一种观点认为，从宋元时期至明清时期，粤港澳大湾区原本就是一个城市，广州、香港、佛山、珠海、中山、深圳、东莞、江门都在同一个城市的范围中，这个城市就是当年的广州府。因为经济社会的发展，现在粤港澳三地的城市形成了"9+2"格局，但融合的趋势却是始终存在着的，大湾区 IP 本来就应该是完美统一的。

从近几十年粤港澳三地经济协作的历史进程来看，大湾区三地的大融合也是一个必然趋势。实际上，从 20 世纪八九十年代就开始了大湾区的融合，只是那个时候还没有粤港澳大湾区这一概念，融合的力度还不大。当时，粤港两地形成了"前店后厂"的合作经营模式。港商往往北上广东，带来资金、技术及国际市场。珠三角地区则提供土地和劳动力。双方以优势相结合，促进了珠三角地区的快速工业化，也使香港在国际供应链管理的层级上有了一个相当大的跃升。

随着珠三角经济社会的发展，其产业结构调整、劳动力成本也上升，三地原有合作模式发生了改变，广、深等城市实力迅速提升，与香港构成大湾区的"三核"。经过多年的竞争与合作，深、广、港形成了错位发展的局面。香港在珠三角对外交流、互动网络中扮演着重要的角色。广州则集中了众多国企、央企、跨国公司华南分支机构等。深圳聚集了大量创新实体和民营企业总部。广、深、港关系的微妙变化，就在新的时期将三地大融合的需求提到议事日程上。而大湾区的融合，关键在于重建"三核"的共赢合作模式，减少资源内耗和无序的竞争，由"三核"充分发挥引领带头作用。

粤港澳大湾区融合发展的困境

大湾区内存在着社会制度的差异，这使得港、澳与珠三角9座城市在经济联合方面存在一些困难。目前，在粤港澳大湾区的地域范围内，存在着三个相互独立的关税区、三种货币，两种不同的社会制度，这一情况限制了区内资金、物资、信息、人才等要素的自由流动，使三地在深度融合上存在不少障碍。这也使香港与内地在某些政策的认知、理念和执行上存在差异。如对 CEPA，就存在香港冷、内地热的情况。广深港高铁、深港河套地区建设的例子也说明了这一情况。这都不利于打造高度融合发展的大湾区经济体，也不利于建造一流的大湾区 IP。

因制度和历史文化等原因造成的人文差异，形成思想观念和文化方面的较大差异，使大湾区深度融合的难度加大。香港和澳门在法律传统、法制观念、法律体系等方面，与珠三角地区有许多差异，这使区内的司法合作存在问题，贸易规则也很不相同。这都造成粤港澳大湾区在社会、经济、文化等方面的深入融合不太顺利。

正是因为在制度、人文方面存在着融合的障碍，使得粤港澳大湾区共同规划的形成尚需时日。虽然现在社会各界都广泛关注粤港澳大湾区规划的出台，但规划正式形成的时间还不可知。从规划到粤港澳各方、国家多部委达成共识，形成实施的合力，以至于规划具体的落地，都还需要时间。

这就表明，大湾区的融合发展，需要有顶层设计，并实现统筹领导。这就是说，大湾区需要有高层领导小组，以有效的整合各方资源。就如雄安新区的领导小组。

粤港澳大湾区内各城市间的发展差距大，彼此间也缺乏协同性。广州在中区，而珠江口东西岸在产业发展、经济实力、常住人口数量等方面差距都较大，东岸的香港、深圳都是国际大都市，西岸缺乏具有引领地位的城市。湾区内各城市在土地资源集约利用、生态环境共治共享、新兴产业错位发展、公共服务均等化、交通基础设施一体化等领域的协作难度大，有些方面还存在资源错配及同质化竞争，还有待形成城市群效应。香港、广州、深圳均是湾区内的超大城市，产业发展、经济总量、城市发展水平等方面都已位居世界一流城市之列。但中山、佛山、惠州等城市社会经济发展程度较低，还处在国内三四线城市之列。深、广、港等区内发达城市在自身发展的同时，如何带动大湾区内其他城市加速发展，共同建构国际级城市群和全球一流湾区，已成为湾区未来发展中需要面对的实际问题。

粤港澳大湾区内外部交通基础设施还有待于完善和优化。在湾区内部，珠江口东西两岸间的交通连接线还不充足，城际轨道交通发展明显落后。区内机场、轨道交通、港口未能充分利用，跨界交通基础设施的连接不够畅通。大湾区对外通道比较紧张，对外铁路运输能力不足，这就限制了大湾区与国内纵深经济腹地的联系。

粤港澳大湾区还面临环保约束逐渐趋紧的局面，这一形势也限制了粤港澳大湾区的融合发展。大湾区位处南海之滨，广阔的海域使得环境容量相对较大。但因海洋生态环境保护的要求更高，还涉及生物的多样性，又由于高速发展所带来的环保欠账积累较多，大湾区面临着较强的环境约束。而且，随着社会经济的发展，人们对环保的要求也普遍提高，同样加强了对大湾区的环保约束。

大湾区存在生产要素成本高企的形势。这就驱使低端产业逐渐向外扩散，但创新能力欠缺的情况又使高端产业发展较缓，这就使大湾区产业空心化的问题逐渐突出，湾区融合发展的后劲略显不足。近年来，随着全国劳动年龄人口总数逐年减少，依赖输入外省劳动力的珠三角地区也出现了较明显的用工荒，工资标准和福利待遇虽一再提高，但仍然存在着招工难的问题。而经过多年的发展，珠三角地区土地开发强度持续提高，已超过30%的国际警戒线，港澳则发展空间有限，难以容纳产业项目。能源也存在不足，目前粤港澳大湾区城市 90% 以上的能源都是靠外省调入。而且，粤港澳大湾区各城市近年房价不断攀升，这也在一定程度上降低了本地区对人才的吸引力。

大湾区对全球高端资源的吸引力还有待加强，自身的全球影响力还有待进一步提升。这也构成对自身融合发展的挑战。粤港澳大湾区有良好的经济基础和较为优越的区位条件。不过，与旧金山、纽约、东京等几大世界知名湾区相比，吸引全世界高端资源的能力略显不足，大湾区的全球影响力还有待提升。而且，大湾区还面临国内福建自贸区、海南国际自贸港、长三角等地的竞争。

因此，粤港澳大湾区内各城市、各地区，都要在交流中对标建设全球一流人文湾区，补齐自身存在的短板，在交流中再造和认知湾区的文化自信，并在融合中打造湾区包容、创新的宜居环境。可考虑从四个方面补齐大湾区的短板，包括升级湾区产业的装备、对人才采取更加包容的态度、打破大湾区内的信息流通障碍、建立粤港澳三地生产发展基金。

融合发展释放新动能

　　即将投入使用的深圳国际会展中心将是粤港澳大湾区融合发展的一个标志。这一全球最大的会展中心将汇集金融、物流、贸易、商务等产业要素，串起深圳西面海岸线，联结东莞滨海新区、广东南沙自贸区、前海自贸区，形成强有力的联动机制，进而成为带动珠江口东岸增长的、富于动能的引擎。实际上，因为辖区发展空间有限、土地匮乏，深圳早就把目光投向整个大湾区，注重对所面临260公里海岸线的战略布局与开发，这是深圳走向大湾区融合的重要步骤。深圳将为打造靓丽的大湾区 IP 作出重要贡献。

　　深圳的例子，说明了大融合必能为发展释放出新动能，也势必带动大湾区各地走融合发展的道路。而在改革开放的大环境中，珠三角各地以市场力量为主导，在城市之间、企业之间充分的竞争与合作，形成30多年来推动珠三角迅速崛起的根本原因。这就为整个大湾区的融合发展提供了思路。粤港澳大湾区将借着大融合，达到资源的合理配置，降低成本、提高效率，释放出更强的新动能。产业和城市的集聚，将打破现有体制和机制壁垒，持续推动互联、互通，共享湾区内全要素无障碍流通带来的便利与高效，大幅度地降低交易成本，产生规模效应，释放新的动能。

　　实际上，在粤港澳大湾区中，港、澳两地目前在发展上依然具有很多独特的优势和有利的条件，通过融合发展，还将会释放出巨大的动能。就香港而言，相当重要的一点是，香港具有"一国两制"的制度优势，不仅可以分享内地的发展机遇和广阔市场，而且，作为国家各种对外开放政策"先行先试"的试验场，具有发展先机。香港还是重要的国际航运、国际贸易及国际金融中心，还是连接内地和全球市场的重要媒介，又是内地"走出去""引进来"的双向服务平台。对于香港而言，只要提升和巩固这些优势，就可在区域合作和经济全球化中把握良好的机遇，既可成为发展的新增长点，又可促进本地的创业和创新。

大湾区发展的很大一部分动能来自湾区内的企业。但是，现有某些体制和机制，已经在协议落实、金融合作、资质互认等与营商密切相关的多种活动上，形成了难以突破的"玻璃门"和"天花板"，制约了大湾区企业的发展，阻碍了其发展动能的释放。这种直接或间接阻碍企业经营发展的情形，不利于粤港澳大湾区合力的发挥和动能的释放，因此，三地必须破除阻力实现充分对接，走融合发展的道路。

粤港澳大湾区未来的发展之路，将是一条融合发展、释放新动能的道路。可以从以下几方面开始：

（1）应该切实促进粤港澳三地的对接和沟通联系

港珠澳大桥已经开通，这使粤港澳大湾区在交通基础设施等硬件衔接上又前进了一大步。下一步应该充分发挥香港国际自贸港和世界金融中心作用，带动粤港澳三地的融合，包括促进粤港澳大湾区在信息、民心、规则、机制、文化等方面的对接。

（2）以创新促进营商环境的建造，建设世界一流湾区

粤港澳大湾区要充分发挥产业布局弹性大及区域空间大的优势，在体制和机制创新、科技创新等方面加大力度，建造一流营商环境，推动大湾区整体协调发展。

（3）积极地建造粤港澳大湾区自贸区

香港本来就是国际自由贸易港，深圳、珠海、广州的某些地区也正在建设自贸区。接下来大湾区应积极适应全球化的发展，将大湾区的核心区建成自由贸易港，并向粤港澳大湾区各个城市扩散，最终建成大湾区自贸区。由此建成法治化水平高、要素流通方便、企业运营成本低、知识产权保护好的世界一流营商环境。只有这样，才可能拥有与东京湾区、旧金山湾区、纽约湾区等全球一流湾区竞争的实力，打造一流的粤港澳大湾区 IP。

（4）积极借鉴国际经验，促进湾区融合发展

国际经验包括：纽约湾区发展现代金融的经验，东京湾区发展现代制

造体系的经验，旧金山湾区科技创新的经验。还应该进一步扩大视野，借鉴欧洲发展文化创意的经验。鹿特丹、爱尔兰、新加坡则有值得学习的自贸港建设经验，尤其表现在实现规则平等、机会平等、权利平等、完善法制等方面。

在坚持"一国两制"基本原则的前提下，粤港澳大湾区需要达成共识、大胆改革，打破粤港澳大湾区现存的隔离，直至取消彼此的边界，形成一个无边界的共同体，以释放巨大的动能和潜力。进而建造国际一流的大湾区社会经济共同体，向世界展现一流的大湾区IP。

大湾区的融合将是全面的整合。港、深、广的金融业各有其优势，三地可以借鉴旧金山湾区的成功经验，在形成国际都会区的基础上，联手打造国际金融中心，为区内的实业及创业、创新、创意输血。在制造业的领域，佛山、东莞之间的竞争不可避免。东莞的外来经济强劲，一直想成为先进的制造业中心。佛山以本土经济为基础，努力打造国家的制造业中心。但未来两市的趋势都是外来经济和本土经济共同发展。惠州、中山、肇庆、江门都是以制造业为主业。肇庆、江门还是大湾区面向大西南的门户。粤港澳大桥建成之后，珠海等湾区内西线城市的崛起已成为必然。这将能补齐大湾区的短板，改变东盛西弱的不均衡格局。

为整合粤港澳大湾区，区内各地之间还需要实现区域协作，并在管理机制与制度上实现对接、融合。其中，制度和机制的对接、融合是区域协作的先决条件。而区内有两大特别行政、两大特区、三大自贸区，各地存在着竞争与合作，通过对接和融合理顺关系是相当重要的。这都要求建立国际都会区，以打造区域协作和制度对接的支架。

以香港、广州、深圳国际都会区为主轴，东西两区为双翼，形成全面崛起的局面。由于粤港澳处于全国产业链的顶端，面临着引领产业升级、技术创新的使命和机遇。港深广三大服务业中心，加上佛山、东莞等多个制造业中心，必能将大湾区建造成一个国际综合产业中心及国际创新中心，成为世界制造业的高地。大湾区需要更多的美的、华为、比亚迪，也需要更多腾讯、阿里巴巴和百度这样的大公司。

共谱"一带一路"新篇章，促进人类命运共同体的发展

目前，粤港澳大湾区已经达成了共同参加"一带一路"的共识，也做出了联手参加"一带一路"建设的制度安排，深化粤港澳合作的体制和机制创新也取得了进展，形成了粤港澳大湾区联合参加"一带一路"的喜人局面。粤港澳大湾区"一国两制"的制度特点和高度开放的市场化格局，形成参与"一带一路"的多种优势。将有利于进行"一带一路"政策的跨国沟通，构建湾区多层次的政策沟通平台，服务"一带一路"的国际协调和公共关系。随着"一带一路"的建设，将大湾区 IP 介绍到世界各地。

大湾区拥有全世界最密集的港口群。如按吞吐量统计，深、港、广三大港口在 2017 年国际十大集装箱港口排序中分别名列第三、第五、第七位，总吞吐量超过 6500 万标箱，已经超过纽约、东京、旧金山全球三大湾区的总和。粤港澳大湾区还拥有全世界最繁忙的空港群，其中的香港国际机场连续八年成为全世界最繁忙的航空货运枢纽，而整个湾区五大国际机场的年旅客吞吐量已超过 1.6 亿人次，远超过纽约湾区的三大国际机场吞吐量。粤港澳大湾区的设施水准，可对标"一带一路"的设施联通需求，三地共同参与相关基础设施建设，由此助推"一带一路"的互联互通。

香港作为亚太地区重要的世界物流控制中心、国际第四的世界金融中心，还是最大的国际离岸人民币中心，珠三角地区又是全世界重要的制造中心。因此，在粤港澳三地融合的基础上，加快聚集大湾区的优质资源，积极参加"一带一路"的建设，将有助于促进"一带一路"的资金融通、贸易畅通及国际产能合作。

粤港澳大湾区作为中国的经济发达区域，与海上丝绸之路沿线国家进行海上互动往来的距离最近，还可以通过现代化的空港物流和铁路物流，

连接丝绸之路经济带沿线各经济体的市场。粤港澳大湾区作为21世纪海上丝绸之路的一个起点，将成为"一带一路"建设的重要门户枢纽。

参与"一带一路"的建设，将促进三地的产业合作，进一步推进三地的大融合。例如，广、深的创新企业要走进"一带一路"，就可能需要香港在会计和审计、法律仲裁、项目投融资等方面提供服务，而珠三角互联网等高科技的进步，也将推进香港相关产业在智能化、数字化、网络化等方面的发展。随着越来越多内地企业参与"一带一路"建设，香港这一"超级联系人"将在高端服务领域发挥更加重要的作用。三地产业共谋"一带一路"的广阔市场，必将大有可为，并加快粤港澳大湾区的融合。

由此可见，在大湾区三地协作、互动的前提下，强化粤港澳大湾区与"一带一路"的建设对接，将大湾区建造成推进"一带一路"建设的重要支撑区，对推动"一带一路"向高质量的发展转变具有重要意义，也对大湾区的融合发展深具意义。

习总书记指出，推进"一带一路"的建设，将实现各国之间的优势互补和战略对接，这符合参与各国的共同利益，有助于这些国家共同面对全球经济目前所面临的挑战。"一带一路"推动各国的民主协商、相互尊重、共同决策，开始了文明交流的新路径，因而，实际地体现了人类命运共同体的精神实质。"一带一路"建设以文明之间的互鉴超越文明冲突。2015年，习主席在第七十届联合国大会的讲话中，系统地阐述了人类命运共同体的实现路径和深刻内涵。习近平总书记的上述思想，指明了"一带一路"是建设与促进人类命运共同体建设之间的联结纽带，阐明了"一带一路"建设的深刻含义。

从实践和设计蓝图上看，"一带一路"的建设是一条通往人类命运共同体的主要路径。"一带一路"的建设围绕着"五通"建设而展开，这"五通"指的是资金融通、政策沟通、贸易畅通、设施联通、民心相通，具体体现在两个方向。新亚欧大陆桥、中蒙俄、中国—中南半岛、孟中印缅、中巴、中国—中亚—西亚六大经济走廊的建设。这是"一带一路"陆路合作的基本构想和实践。随着"一带一路"建设的不断推进，参与国将共建中国—印度洋—非洲—地中海的蓝色经济通道，经由南海往南进入太平洋，进而共同建设中国—大洋洲—南太平洋的蓝色经济通道，推动建构"经北冰洋连接欧洲的蓝色经济通道"。这些都是进行"一带一路"海上合作的关键设想。可见，"一带一路"的建设正成为繁荣之路、和平之路、开放之路、文明之路、创新之路，持续地朝着人类命运共同体的方向前进。

从"一带一路"建设的设想和具体成果可见，"一带一路"不仅深化了各国之间的务实合作，也促进了各国发展战略和政策的连接，加强了彼此间的协调、联动，使各国人民彼此之间的距离进一步地缩短，都从合作中得到了许多好处。在"一带一路"建设的不断推进之中，各国之间也形成了更加亲密的责任共同体、命运共同体、利益共同体，进而不断地迈向人类命运共同体的格局。

而粤港澳大湾区的建设，强化了"一带一路"的建设和实施，对于实现人类命运共同体具有深远的意义和巨大的价值。

第 **6** 章

粤港澳大湾区的人才战略

建设一流湾区需要怎样的智库机构

粤港澳大湾区的融合发展，需要强大的智库机构支持，需要专家学者等高端人才为大湾区的建设和发展出谋划策。要建立起国际一流的粤港澳大湾区，就需要拥有国际一流的智库。而一个顶尖的大湾区智库机构，本身就是未来一流的粤港澳大湾区 IP 实实在在的构成部分。那么，什么是智库呢？建设一流湾区又需要怎样的智库机构呢？这些问题都有待研究。

智库又名思想库、智囊团、智囊机构、顾问班子、头脑企业、顾问班子。这是一个会集各学科专家、学者，以公共利益为导向，以社会责任为准则，以公共政策为研究对象，从事开发性研究的咨询研究机构。智库为社会经济等领域的发展提供优化或满意方案。智库是重要的智慧和思想生产机构，也是一个国家国际话语权和软实力的重要标志，甚至还可以是一个国家思想创新的泉源。对于一个国家的 IP 建造具有不可忽视的作用。对政府决策、社会舆论、企业发展与公共知识的传播具有深刻影响。从机构属性和组织形式上看，智库既可以是具有政府背景的公共研究机构，也可以是具有准政府背景或不具有政府背景的私营研究机构。既可以是非营利性机构，也可以是营利性研究机构。

作为现代领导管理体制中不可缺少的重要组成部分，智库的主要任务包括以下方面：

第一，反馈信息。对已实施的方案进行追踪调查和研究，把方案的实际运行结果反馈到决策者那里，便于纠偏或改进方案。

第二，进行诊断。根据现实存在的各种因素，研究问题产生的症结和原因，为寻找解决问题的方法或方案做准备。

第三，提供咨询。为决策者判断运筹、献计献策，提出各种设计和解决问题的方案。

第四，预测未来。从不同的角度运用各种研究方法，找出各种预测方案供决策者参考。

随着各种智库在各国的国际事务处理以及经济和社会发展中发挥越来越重要的作用，其发展程度正成为一个地区或国家治理能力的重要体现。为此，建设全球化的、高水平的智库已成为国际化趋势。

中国社科院社会科学评价中心于 2017 年 11 月发布的全球智库百强榜显示，排名前十名的分别是美国卡内基国际和平基金会、比利时布鲁盖尔研究所、美国传统基金会、英国查塔姆社、瑞典斯德哥尔摩国际和平研究所、美国布鲁金斯学会、德国康拉德·阿登纳基金会、美国伍德罗·威尔逊国际学者中心、中国国务院发展研究中心、英国国际战略研究所。三大国际湾区中，进入百强榜的智库有：旧金山湾区的兰德公司、胡佛研究所、纽约湾区的对外关系委员会、东京湾区的三菱综合研究所、日本国际问题研究所、日本防卫研究所、亚洲经济研究所、亚洲开发银行研究所、地球环境战略研究机构经济产业研究所、产业技术综合研究所。

从这个排名看，世界一流湾区的发展，都与智库有着密切联系。尤其以东京湾区表现得最为明显，在百强榜中囊括了七家智库。位处东京的野村证券虽未入榜，但也是国际著名的智库。没有入榜的波士顿咨询公司，也是位于纽约湾区的全球著名智库。纽约湾区在 20 世纪 20 年代就开始依托智库进行调研，并制定交通、经济及公共空间的区域规划。旧金山湾区也有许多智库，该湾区依靠智库制定区域的可持续发展战略。政府的产业等政策在指导东京湾区的发展中起着指导性作用，而湾区的智库在政策制定中起着重要作用，甚至制定了强制划分东京湾七大港口功能和以东京为核心的轨道交通网的法令。

粤港澳大湾区的发展同样离不开各方智库机构的献计献策、群策群力。大湾区的建设是国家发展战略的一部分，有着政府的顶层设计，又是在各级政府的推动下展开的。因此，建设一流湾区需要的智库，必须立足湾区、放眼世界，将自身打造成全球一流的新型智库。研究大湾区建设的着力点和突破口，以及如何实现三地融合发展、怎样合力建设国际开放合作枢纽和科技产业创新中心。这样的研究将是有针对性的、前瞻性的。

大湾区建设所需要的智库还应该是敢于创新、大胆摸索的，以此打造粤港澳大湾区文化发展高地。也就是说，智库机构在助推经济发展的同时，也要为提高三地文化软实力、保持粤港澳文化产业优势、促进三地的文化交流交融和文化认同发挥积极作用。

建设一流湾区所需要的智库机构，将以政府部门、金融机构、企业和行业、投资者、中介机构、媒体、研究机构等为主要的服务对象，以开展高水平科学研究、信息传播和咨询服务为主线，以高端新型智库建设为架构，为大湾区的建设和发展提供强有力的智力支持。这样的智库必然是国际一流的，将会深入研究事关大湾区建设和前途命运的重大课题，产生有分量的研究报告和权威指数，打造有影响力的服务平台和高端论坛。并进一步成为中国融入并引领国际化发展的中国倡议、中国理论、中国方案的优秀参与者和设计者，以及政府和企业"信得过、用得上、离不开"的新型智库机构。

正是因为建设一流大湾区的迫切需要，近几年来，许多机构已经把智库建设方向对准粤港澳大湾区，成立了不少以大湾区为关注点的智库。如粤港澳大湾区研究院、中国管理科学研究院粤港澳大湾区研究中心、北京大学经济学院华南分院、华南理工大学的公共政策研究院、恒大集团恒大经济研究院、粤港澳湾区智库等。

与此同时，大湾区各地也纷纷成立结合本地实际的智库机构。例如，佛山市成立了首个文化产业发展智库，智库将围绕文化产业化发展的定位及佛山文化研究，为政府和社会提供及时有效的观点和咨询。佛山社科联也计划围绕该市的重点工作和中心任务，探索建立3~5个新型的智库。珠海市也由56位专家组成珠海产业智库。将以产业的需求为方向，建设包括企业精英智库和产业高端智库两大平台。东莞市在2013年8月就成立了东莞人才发展研究院。该市因此成为国内首个设立人才理论研究机构的地级市。

目前，有官方背景的智库成为主流。在世界百强智库中，一半以上的智库拥有相当强的官方背景。作为美国最重要思想库之一的美国和平研究所，就是根据美国国会的有关决议而成立的。在粤港澳大湾区，有不少具有这样潜质的机构，如省委党校、广东社科院、政府发展研究中心、各级政府研究院所等，都具有稳定的经费来源以及人才队伍。

而高校也是国际高端智库的诞生地，广东就有华南理工大学、中山大学等一批高水平大学。这样的智库机构可以中山大学港澳珠三角研究中心为例，该机构成立于 2000 年，多年来为区域产业规划做政策方面的咨询，获得良好的效果。近年广州和北大经院的合作，创立一流的大湾区战略研究中心也成为其中的一个项目。国内名校也努力成为粤港澳大湾区发展和建设的重要智囊库或人才库。

企业智库也是国际顶级智库的来源。在东京湾区，住友、三菱都拥有一流智库。三菱综合研究所是三菱集团旗下的咨询公司，拥有员工 800 人左右，还在华盛顿特区有办事处，在东京、大阪、名古屋拥有分支机构。三菱综合研究所由三菱旗下的各公司投资而建立。这家智库通过高质量的行业研究，帮助企业做出战略决策。三菱综合研究所 2017 年曾公布一项研究，结果表明随着 AI 技术的发展和普及，日本的 GDP 将在 2030 年增加 50 万亿日元，就业人口将会减少 240 万人。野村综合研究所是企业智库的另一个例子，为许多日本企业进军国际市场提供了科学决策的咨询信息。

在粤港澳大湾区，也有发展国际顶尖智库的良好条件。美的、腾讯、海大、恒大等国际一流企业，都已开始建构高端智库。如腾讯研究院就设有产业与经济研究中心、法律研究中心等七大研究中心，还设有博士后科研工作站。以饲料、动保、种苗、养殖、食品五大板块为主的广东海大集团，设有海大研究院，共获得 189 个专利，先后获得博士后研究工作站、国家企业技术中心等荣誉。

实际上，目前无论是粤港澳大湾区融合发展，还是推动中华文化和当代中国价值观走向全球，都显示出对智库机构现实与客观的需求，这种需要还将日益紧迫。

构筑人才高地，会聚天下英才

粤港澳三地具有构筑人才高地良好的支撑和基础。就拥有全球排名前100 位的高校数量而言，旧金山湾区 2 所，京津冀 2 所，长三角 3 所，而粤港澳大湾区有 5 所之多。大湾区还拥有一批包括华南理工大学、香港科技大学在内的高水平理工类高等学府。而且，与长三角、京津冀等国内两大城市带相比，在企业技术创新前沿性、市场的活跃程度、风险资本聚集度、营商与法治环境等方面，粤港澳三地均具有一定优势。

正是凭借经济发展水平高、科技创新基础好、开放性和国际化程度高等独特优势，使粤港澳三地区具备打造世界人才高地，具备建设成引领全球的科技创新中心的潜力与条件，具有会聚天下英才，进而打造优质大湾区 IP 前景。

从历史进程和现实情况看，粤港澳大湾区有着人才交流和会聚的迫切需要。改革开放 40 年的发展，港澳两地为珠三角的发展作出了巨大贡献。"三来一补"的贸易模式极大地促进了港澳地区与珠三角的人员、货物、资金流动。但随着珠三角经济的发展，这一模式亟须转型升级，否则将难以为继。粤港澳大湾区的建设，要探索三地大融合的新模式，这也包括人才的往来和会聚，而人才作为经济发展的核心要素，能否发挥最大效用是决定大湾区建设成败的关键。

而粤港澳大湾区的人才发展也面临不容忽视的障碍与困难，如资金、人才、技术等资源要素的成本较高。因此，要将粤港澳三地打造成为具有国际影响的人才高地，必须加快制度创新，以更大的魄力全面深化高端人才引进机制的改革，建立大湾区人才自由流动新机制，利用和发掘原有的区位优势，促进粤港澳与内地的进一步协调发展，为引进、培育、用好、留住国际高端人才打造便利的政策和制度环境。

目前，有利于大湾区人才融合的制度和政策都已在建构和实施中。国务院已宣布取消台港澳居民内地就业的许可制度。这就意味着港澳等地的居民来珠三角就业，不需要再办理就业证，在求职时可以享受与内地居民同等待遇。这自然会使粤港澳大湾区内的人才流动更加便捷、自由。国务院在推出这一政策的同时，还提出将在社会保障、就业服务等方面尽快出台配套措施。这就说明，推动粤港澳三地人才的顺畅流动还需克服许多障碍。大湾区应在促进人才会聚和交流方面，进一步加强合作，共同探索和改进。

而粤港澳三地各城市也意识到人才的重要性，相继推出吸引人才的计划。2018年，香港推出"科技人才入境计划"，目的是快速处理入境安排，为香港输入来自内地和海外的科技人才。同年，深圳通过《关于实施"鹏城英才计划"的意见》及《关于实施"鹏城孔雀计划"的意见》，都涉及人才的引进。珠三角的广州、东莞、珠海、惠州等城市，也都推出了各自的人才引进政策和计划。

为会聚英才，还可考虑在大湾区内打造人才保税区，对在大湾区内创新、创业的人才给予个人所得税征收优惠。目前，粤港澳三地在税制上差别比较大，尤其港澳两地在个税税率上较珠三角低很多。如按内地税率向港澳人才征收个人所得税，必将会打击人才到珠三角就业的热情。因此，可用先征后补的方式，向港澳人才发放税收补贴。还可在人才保税区内开展职业资格互认、就业信息平台搭建、社会保障服务衔接等方面的试点，摸索经验以备进一步改进。深圳前海等几个自贸区目前已经试行个税优惠等政策，之后，可以向粤港澳大湾区其他城市逐步推广。

粤港澳大湾区的人才政策，可以借鉴欧盟的经验。在欧盟之内，成员国居民可持护照在任何一个国家自由工作、学习、生活、居住，子女上学也享受当地居民的学费，甚至获得欧盟成员国永久居留证的别国人士也可享受同等的待遇。欧盟早在2002年就推出《欧盟议会劳动力技能和流动行动计划》，目的是在语言培训、就业信息平台、社会保障等方面破除人才流动的障碍。之后，欧盟又从税收、职业能力互认等方面制定政策，继续促进人才的自由流动。由于这样的政策环境，2012 年有约 660 万欧盟居民在其他欧盟国家工作，还有 860 万非欧盟居民在欧盟国家就职，这就会聚了人才，大幅提高了人力资源的利用效率。

粤港澳大湾区的发展，也需要会聚国际人才，以推动大湾区国际人才的自由流动。联合国有关机构的数据显示，全球各国的国际移民平均比例为 3%，发达国家这一比例达到 10%，发展中国家平均为 1.6%。而包括港澳在内的中国国际人口，目前占常住人口的比重仅仅达到 0.07%，低于越南、朝鲜、古巴、印度等国家，成为国际移民比例最低的国家。当然，中国有自己的客观情况和人口特点，国际人口比例也并不是要达到发达国家的 10%。但 0.07% 的世界最低比例，反映出中国有充分利用国际人才的巨大空间。

粤港澳三地可作为加大会聚国际人才的试点，允许在三地任意一地入选人才计划或取得永久居留资格的国际人才，选择在湾区自由工作、学习、生活、居住，子女上学也享受当地居民的待遇。由此可探索更多吸引国际人才的经验，甚至在大湾区打造国际人才社区，使大湾区成为多元文化共融的宜居、宜业、宜游的国际人才高地。

粤港澳大湾区虽人缘相亲、山水相连，但在制度、文化、法律上都存在着或大或小的差别。各城市也可能出于自身利益的考虑，有时难以协商降低人才流动的成本。可见，大湾区建设的难点和重点都在于融合和流动，需要完善湾区的协作创新体系，开展三地科技及创新合作。由此推动人才自由流动，会聚天下英才。

夯实人才基础，实现创新发展

粤港澳大湾区要建造全球一流的湾区和国际级城市群，必须加速推进全球科技创新中心的建构，这就要求牢固确立人才引领的发展战略。正如国家主席习近平曾经指出的：应"牢固确立人才引领发展的战略地位，全面聚集人才，着力夯实创新发展人才基础"，而"人才是创新的第一资源"。只有在大湾区打造人才高地，会聚天下英才，才有可能为粤港澳三地可持续、高水平以创新驱动的高质量发展提供基本前提，加快大湾区的融合和建设，建造具有高科技创新内涵的大湾区IP。

目前，粤港澳大湾区要夯实人才基础，实现创新发展，需要建设引领未来发展的全球一流高等教育体系。也就是进一步推动粤港澳三地高水准大学建设，建设一流的三地高等院校集群，积极探索企业、社会与高校联合培养高端人才的全新机制，紧盯粤港澳大湾区社会发展的现实需要和全球科技前沿，培养一大批具有国际水平的科技领军人才、青年科技人才、战略科技人才、高水平的社会管理人才，尤其要培养适应于智能时代的创新型人才。这将是一个打造粤港澳大湾区全球创新人才高地的长期性、基础性工作，将为大湾区培养世界级创新人才、建构持久促进创新发展的优质人才库。

作为配套措施，还需要建立健全针对优秀港澳及海外青年人才的选拔制度，逐步完善和建立粤港澳大湾区高端人才跨校、跨境联合培养机制及交换、交流机制，支持和勉励三地青年跨地域、跨院校联合创业。尤其要注重内地与粤港澳大湾区在联合培养创新、创业高端人才和科技协同创新方面的合作，由此增强创新人才对大湾区产业升级、科技创新、社会服务及城市治理的支撑作用。满足粤港澳三地对人才、文化、技术的巨大需求，推动粤港澳区域成为引领中国高质发展的创新增长极。

为夯实粤港澳大湾区人才基础，还迫切需要加强"软件"建设，这包括政策和制度两个层面。一是完善和构建柔性的引才政策体系。粤港澳大湾区面向世界协同引进一流创新发展人才是实现自身协调和创新发展的重要支撑。这就要求着眼于三地长期发展的需求，在港澳人才就业、创业及引进等政策体系与管理制度方面，全面清理目前内外有别人才管理制度中的障碍，促进粤港澳大湾区统一人才市场的形成。还应针对国际创新人才的特点，进一步寻求专项基金设立及放开项目申报限制等，以保证人才引进的相应物质激励措施落到实处。在积极引进国际创新人才的同时，也要为本地创新人才开展国际合作与交流创造更为便利的条件和机制，逐步完善并建立三地国际人才公平竞争、创新发展的政策环境。

二是在人才制度的完善方面，需要建造科学合理的留人、用人制度体系。引进世界高端人才本身并不是目的，而是推动大湾区创新发展的手段，留住、用好国际创新人才，才能更好地促进粤港澳三地创新发展。因此，在人才制度上要勇于创新，应该根据国际创新人才所具有的流动性、开放性等特征，共同打造粤港澳大湾区的人才激励、竞争和使用机制。夯实大湾区的人才基础，尤其需要加快三地的人才融合和交流。大湾区科研机构、高校可探索联合开展国家级大型科研项目研究及联合办学，以科研项目会聚三地人才，建构合作的气氛。对参加项目研究的科技人才，在住房、社保、出入境等方面都应给予支持，为其来往于大湾区各地提供最大方便。现在国家已允许港、澳的科研机构和高校申请国家科研项目，三地联合开展科研已具备良好条件。而三地联合科研，将有助于避免重复研究，充分发挥大湾区的人才优势，还可借助港澳市场化程度和国际化水平高的优势，加快国际专利申请及科技成果转化。三地还可轮流举办创新、创业论坛，以论坛形式推动大湾区人才交流合作和创新发展。

大湾区三地在优化全球高端人才引进政策的同时，要注重并充分发挥粤港澳三地高新技术企业、高端服务业、高等院校作为一流创新人才蓄水池的作用，进一步改革现行的科研经费管理和科技项目申报制度，完善创新科技成果转化和收益分配机制。对于大湾区的高科技企业，则要建构科技创新、创业的激励机制和支持机制，努力打造合理、科学、富于吸引力的留住人才和用好人才的制度和平台。

粤港澳大湾区观察：各地人才交流加速

近年来，粤港澳大湾区各地的人才交流普遍加速，而人员流动的趋势往往能反映出一个区域内经济的变化，以及该地区 IP 价值的增长。在流动趋势上，不仅是港澳与珠三角之间人才流动更加频繁，珠三角九市内的人才流动也更为频繁。

近两年，深圳和东莞之间的人才流动就呈现加速趋势，虽是双向流动，但以深圳流向东莞的人才更多一些，深圳是人才净流出城市。这当然与区域内产业的布局有关，也是大湾区经济发展的伴随现象。尤其在高端的电子信息领域，随着华为公司的终端总部从深圳搬迁至东莞，使 OPPO 等东莞本土企业实力增强，加上松山湖片区提出打造世界级高端产业基地，都有助于吸引深圳大量人才搬迁至东莞。不过，在另外一些领域，如金融和 IT 行业，深圳则对东莞形成虹吸效应，形成东莞的人才往深圳流动较多的情况。人才的加速流动在深圳市的其他周边城市也存在，如惠州和中山，但目前以东莞最为明显，这是因为东莞的产业链相对而言最完善、政策支持力度也大、生活成本也较低。

而且，不仅仅是珠三角内部的人员流动趋于频繁，发生流动加速的变化。在粤港澳三地之间，跨境人员流动也在加速。人才流动的加速和频繁，必然能够提高粤港澳大湾区的创造力，推动大湾的增长和发展。

随着广东自贸区的设立，珠海横琴片区与澳门之间交往和合作的深度更加明显，尤其在人才集聚方面。据报道，最初的创业谷主要服务澳门青年，到现在已经扩大到全中国，目前创业谷内拥有 122 个澳门项目，占总项目数的比例已经达到六成。

因深圳和香港的庞大经济总量，深、港两地常被看作是粤港澳大湾区的核心区域。这两地的人员流动也更加频繁。据香港规划署的统计调查显示，2015 年深港之间每日跨境往返约 65 万人次。其中，有 70% 去往内地的香港人以深圳为目的地，内地到香港的旅客则有 60% 来自深圳，居住内地的香港人 90% 是在深圳。但这些流动主要还是探亲访友和休闲娱乐，上班和跨境公干之类的商务活动不是太多。不过，不可否认深、港两地之间的联系非常紧密。

人才流动加速说明了粤港澳三地融合的发展趋势，显示了未来进一步大融合的前景。在各种因素中，除了交通更为便利和生活成本更低之外，也与通过当地优惠政策给粤港澳合作带来红利有关。例如，横琴实施"港人港税、澳人澳税"的政策，指的是对在横琴工作的香港、澳门居民个人所得税按差额进行补贴，其标准为实际缴纳的个人所得税款与个人所得按照港、澳地区税法测算的应纳税款的差额。这项优惠政策的目的在于吸引港、澳高端人才到横琴发展。由于这项政策的实施，免除了在当地的港、澳人才对大为增加个人所得税负的担忧。而对澳门居民来说，在澳门的银行即可登录横琴企业申报缴税系统交税，这就意味着提供更多的便利，有利于高端人才到横琴工作和创业。

珠三角一直在推进有利于改善粤港澳三地融合的政策。目前在珠三角生活的香港人，虽然在公共服务上还难以享受到和当地人同等的待遇，但两地之间待遇的差距正在缩小。以医疗作为例子，深圳在 2015 年就已经迈出了有利于两地协作的一步，这一年开始允许年满 70 岁持有香港身份证（有效）或由香港入境事务处发出的《豁免登记证明书》的香港居民，可在港大深圳医院使用香港长者医疗券，支付当日在这家医院指定门诊的服务费用，如康复服务、治疗及预防护理等。据深圳卫计委公布的数据，截至 2016 年底，在港大深圳医院使用长者医疗券的香港居民已经达到 7954 人次。

当然，这些年深、港之间因商务活动往返的人数，总体上虽一直在增加，但变化却并不是太大。与香港到内地来上班的增加人数相比较，反而内地到香港上班的人数增加得要快一些。这些内地人主要指的是深圳人。可能与香港推出了一些引进人才的政策有关，如优才计划。另外还有一个可能的原因就是，2008 年之后全球经济衰退，同时中国内地经营成本上升，也使许多港资企业外迁或关门，在内地工作的香港人增加幅度受抑制。这一情况也说明，虽然大湾区在人才交流方面已有很大的进步，但也还有许多必需的工作要做。

就深圳的情况看，粤港澳大湾区虽是重要的科技湾区，但目前针对国际人才和境外人才的限制仍然非常之多。有一些障碍看起来是细枝末节，却妨碍了人才的流通。这就需要通过政策调整和立法来解决问题。如扩大医疗、养老对境外人才和外籍人才的覆盖面，保证在当地的生活无障碍。还可开展外籍创新人才创办高科技企业享受国民待遇的试点。对深圳等珠三角城市，可进行绿卡制度的先行、先试。

改善交通有利于人才的互动和交流，被视为大湾区建设和规划的突破口，也是三地政府都积极开展合作的事项。现在港珠澳大桥已经全线贯通，这是一座超大型跨海通道，对缓解珠江口两岸的交通压力、增强两岸间的联系，必将起到重大作用，并进一步推动粤港澳三地和珠江两岸的人才交流和经济发展。当然，以港珠澳大桥为典范，粤港澳三地的交通建设还有进一步推进的空间，也展现了粤港澳三地人才融合发展的更广阔的前景。

第 **7** 章

粤港澳大湾区的教育合作

粤港澳大湾区高等教育现状及合作模式探讨

从全球的视野看,纽约、旧金山、东京三大湾区之所以能够名列全世界之首,都与各自优势的产业群集大有关系。但深入分析就能看到,优势产业的兴起,湾区 IP 的打造,又都离不开相伴相生、联系紧密的高等教育集群。在这些世界著名的湾区,高等教育还是跨区域经济与社会沟通的桥梁。湾区 IP 的构建,离不开其中起关键作用的教育 IP。

反观粤港澳大湾区,三地拥有众多高水平大学,如香港的多所大学名列世界大学前 100 强,广州中山大学、华南理工大学已进入国家"双一流"建设计划,深圳则在大学的建设方面建树良多,澳门的大学近年也发展迅速。但三地高教机构、大学、研究院所,在相互合作上还存在着一些欠缺,尤其在合作的深度上需进一步加强。

而湾区的高等教育必须形成彼此深入合作的群集,才能够打造坚实的湾区 IP。粤港澳大湾区当然也需要建立密切合作的模式,才能聚合起三地已有的多种教育优势,以形成强大教育和科研活力,支撑大湾区建设的全面发展,铸造宏大的湾区 IP。

先看香港、澳门高等教育的发展现况。香港的高等教育在全球处在高水平的地位。这主要体现在为学生提供灵活多样的升学途径,使更多的大学生能够受到高等教育。由于香港的高等教育更为深入,许多大学生都选择在香港攻读硕士或学士学位,很大程度上加深了教育厚度。统计数据表明,本地就读于香港院校的大学生当中,近 90% 会继续选择在港攻读硕士学位,本科就读于香港院校的外地学生继续选择在港攻读硕士学位的比例也达到近 50%,其中近 60% 的学生会选择继续在港学习研究生课程。

香港还具有许多高水平的院校和大学,如香港科技大学、香港大学都在全球著名大学前 100 名之内,这就保证了香港高等教育的教学质量。澳门共有 10 所可颁授学位的高等教育院校。澳门的高等教育相比于别的地区具有鲜明的自身特点，教育的领域涉及面宽广，如旅游、宗教、创新等。这些年来，澳门的高等院校总注册人数逐年增加，大部分学生都接受全日制教育，在学科专业的选择方面，澳门高等院校专业设置一般都集中在商务、管理两大类别，与其他地区不同，旅游专业是澳门众多高校的热门专业，被越来越多的学生看好。

再看广东省高等教育的发展情况。高速发展的经济，为广东的高等教育打下了相当坚实的基础。目前，广东省高等院校的数量位居全国第二，已达到 147 所。在这 147 所高等院校中包括众多的国家重点院校，本科院校占到40%以上。广东省普通本专科及研究生招生数目，表现出逐年递增的趋势，选择的专业多集中于管理类和工科等学科，这两项所占比例达到50%以上。高水平的高等院校还为广东省的学科建设及研究提供保障，国家教育部已在广东设立了 13 个国家重点实验室，以及 139 个可颁发博士学位一级学科。这就为广东省各类人才的培养打下了坚实基础。

粤港澳大湾区的高等教育合作已有一些基础。从 2005 年开始，广东省就与香港进行了一系列高等教育领域的合作，设立了第一所中国内地与港澳台地区联合主办的大学：北京师范大学—香港浸会大学联合国际学院。该校在办学规模上主要覆盖了理、工、科技等，学科的设置涉及各个专业领域，保证了教学质量。2016 年，这所院校获得国家教育部的批准，着手从事研究生课程教学，具有授予硕士学位的资格。广东省在 2014 年还成立了第二所与港澳台地区联合的主办高等院校：香港中文大学（深圳）。这所大学自成立以来得到了快速发展，办学规模也逐年扩大，招生人数逐年增长。到 2017 年，香港中文大学（深圳）本科生和研究生招收人数总计达到一万人以上。

广东省与澳门的高等教育合作起步稍晚。2009 年，国家教育部批准澳门大学在珠海横琴设立新校区，2013 年正式面向全国招生。澳门大学新校区在建设规模上比老校区扩大了约二十倍，可容纳学生一万名。澳门的高等院校与广东的大学之间，有着双向的沟通、交流。如暨南大学、华南师范大学都在澳门设立分校，这就为广东省与澳门高等院校的合作提供了持续的动力。近年来，武汉大学、华侨大学等内地高等院校，都选择在澳门直接设立分校或业余进修中心，促进了内地与澳门之间高等教育的交流。在这众多的交流中，尤以广东的高等院校学科设置更全面、招生人数最多。

从粤港澳三地高等教育交流、合作的现状看，还存在一些问题和不足，需要进一步建立合作的模式。例如，合作不够广泛和深入、高等教育的理念存在差异和碰撞、还缺少专门的框架协议和对接机制。建造优质的教育IP 需要突破这些困难，而教育 IP 是大湾区 IP 不可缺少的组成部分。

随着粤港澳经济一体化进程的不断推进，湾区 IP 的建造，大湾区高等教育的合作也受到广泛关注。但是，粤港澳三地的高等教育水平虽然已得到很大提升，高等院校的数量和招生数量也逐年增加，三地的高等教育合作仍显不足。当然，近年来，三地逐渐加强了高等教育的交流，广东甚至与港、澳在某种程度上进行了深入的教育往来，这都促进了三地之间的教育合作。这都为进一步建立成熟的合作模式打下了基础。从大湾区融合建设和湾区 IP 打造的角度看，大湾区高等教育合作模式的建立，还应该从学科建设、科研攻关、人才培养三个方面深入思考和着手进行：

（1）在学科建设方面加强合作

根据 2017 年国家教育部发布的"双一流"建设高校及学科名单，广东省中山大学、华南理工大学都入选 A 类一流大学。在广东众多高等院校中还有 18 个学科入选一流学科建设。这都表明广东学科建设水平居于全国前列。香港也在近年陆续成立多所国家级重点实验室，成为中国高等教育的重要基地。澳门也积极加强本地区高等院校的学科建设，澳门大学目前已成立 2 个国家重点实验室。学科建设是评判高等院校办学质量的重要指标，而粤港澳三地的高等教育合作，需要强调重点学科建设，在学科专业方面加强彼此的沟通、交流，以扬长避短，形成聚合优势，为大湾区建设培养更多高素质的人才。

（2）在科研攻关方面加强合作

粤港澳三地为加强科研攻关方面的合作，近些年来积极建设科研交流平台，为进一步的合作打下了基础。如广东与香港共建深圳（虚拟）大学园，使这一大学园成为沟通的平台，促进了粤港高等院校之间的科研交流。为了加强粤港澳三地之间的科研合作，各方都投入了大量科研经费，为科研的发展提供了充分的支持。如香港在2009年投入180亿港元用在科研基地建设，为香港科研的发展提供了充足的资金保障。

科研攻关的成果是评判高等院校和研究院所综合实力的重要标准，需要三地高等教育的密切合作。而粤港澳高等教育的合作，离不开三地大学和科研机构之间的沟通、交流，建立起科研攻关的合作模式。这将推动区域创新发展。

（3）在人才培养方面加强合作

粤港澳三地高等教育的合作，将为培养高素质人才打下坚实基础。一方面，广东的高等院校以多元化学科设置，满足了港澳学生多样的专业兴趣，这就保证了港澳学生专业上的全面教育，为大湾区的人才培养起到了相当积极的作用；另一方面，港澳的高等院校教育模式与广东和内地相比都有较大不同，具有鲜明的国际色彩，使用的语言也多以英文为主，还有先进的教学方法和一流的师资力量。这就吸引了很多广东和内地的学生，也加强了粤港澳地区的教育交流。

教育合作是粤港澳大湾区建设的优先领域

中共十九大明确提出，支持港澳融入国家发展的大局，以大湾区为重点，全面推进内地同港澳的互利合作。而港澳融入国家发展的大局，要以粤港澳三地融合发展作为先机，必然需要选择先行的合作领域。香港的教育相对于内地而言是一个优势领域，这就使教育成为大湾区合作发展的优先领域。由此而带动更多领域和更大范围的合作，建造富于内在无形价值的、一体的大湾区IP。教育合作也是实现大湾区融合发展中最有黏性的有效手段。

由国家发改委和粤、港、澳三地政府共同签署的《深化港澳合作，推进大湾区建设框架协议》进一步表明，要在大湾区"打造国际化教育高地"，建设国际教育示范区，推进大湾区从区域共同体向经济共同体、进而向社会共同体迈进。这就进一步将大湾区教育合作摆在了突出的位置，需要更多三地和全国的教育家躬身践行、精心谋划，共同把"打造国际化教育高地"的理念融入到大湾区的建设实践中。不仅要创建具有全球竞争力的教育体系，还将为国家的"一带一路"倡议作出应有的贡献。

近几年来，在粤港澳教育部门的共同努力下，三地教育合作已呈稳步发展之势。香港特区政府的教育部门非常重视大湾区内的教育合作与交流，希望粤港澳三地取长补短，凭借香港开放创新的培养环境、丰富的国际交流经验等多种优势，为大湾区教育的合作、发展带来新的机遇。澳门特区政府也已采取资助措施，现在"在粤就读澳门学生学费津贴计划"已覆盖到广东的七个城市，还打算以后推广到广东省所有城市。澳门特区政府还希望通过大湾区三地教育合作推进人才培养。在这一方面，通过区域间的互动和交流创造更多机会，借资源共享、信息沟通达到互利共赢。

在广东省，粤港澳高校联盟、粤港澳高校创新创业联盟等合作机构也相继成立，使大湾区三地的师生交流和互访日渐增多。"粤港姊妹学校""粤澳姊妹学校"等项目也不断得到推进。为更好地搭建大湾区教育资源共享平台，广东省粤港澳合作促进会正筹备成立教育专业委员会，致力于发挥三地教育界和民间的合力，推动三地教育合作不断深化，为粤港澳大湾区建设做好人才培养与储备。为推动大湾区教育的合作，打造大湾区 IP，还应该做好下述几方面的工作：

（1）大湾区教育融合机制的创新

建造大湾区教育合作和发展共同体，依托现有的高校联盟等机构，支持、鼓励三地相关高校跨校选课和学分互认，开放各地的强势专业与学科，促进湾区高校学生广泛流动，有效利用粤港澳优势资源，建构中国最有创造力的区域一体化教育高地。支持联合参与全球重大科学工程和科学计划，建设一批高水平世界级国际联合研究中心、合作联合实验室等，面向国际引进高水平科技创新人才，并打造共享教育资源的世界科技创新平台。

（2）拓展教育合作资金提供渠道

发挥市场配置优质教育资源的能力，加快国际化优质教育资源的供给和教育平台的建设，为高端人才的培养和引进创造条件。推动社会资本进入教育领域，并保持进入通道的畅通。支持经由多渠道筹集办学资金，推动办学经费来源的多元化，实行社会捐助和政府投入建立基金会为主的大学经费运作模式。

（3）积极寻求建构国际教育示范区

相较于经贸等领域，大湾区教育领域的对外开放显得相对迟缓。在新时代的背景下，尤其要增强文化自信，全力支持粤港澳三地在教育领域开放方面的先行先试，全面引进和对接全球顶级教育资源。借鉴全球名校先进的管理经验，完善高校内部治理结构。积极引进国际一流的大学和特色学科，加强薄弱学科和国际前沿学科的建设。推动中国版教材走向全球。

（4）逐步推进教育领域的多元化发展

建造粤港澳三地的校际联盟，促进公办与民办教育的互补，统筹建立大湾区内的师范院校、高水平大学、应用技术型高校、国际学校发展联盟等。支持和勉励高等学校间依托专业、学科优势开展的深度合作，加快形成人才培养和互通的机制、协同创新，帮助大湾区内条件好的高校尽快进入全国乃至全球高水平大学行列。

（5）率先发展民办国际化教育以积累经验

进一步放宽大湾区民办教育中外合作办学的政策，尤其降低国际高中和国际学校的设立、审批门槛。建立粤港澳三地内国际学生的学分互认和学籍备案、来华入学统一考试认证、人才互通等制度。建立高水平的汉语服务中心，加快课程改革和教育融合，加强校长联谊和校际互通，推动大湾区教育的国际化进程。

粤港澳大湾区作为港澳融入国家发展大局的重要平台，应该推动教育融合和教育对外开放领域率先实现突破，补足大湾区内全球化教育资源不足的短板，建造支持吸引人才和创新的国际化营商环境。

粤港澳大湾区教育合作的"化学反应"

只有更大、更有影响力的教育合作举动，才会催生出教育合作的"化学反应"，从而打造辉煌的教育 IP，进而带来更宏大的大湾区 IP。1951 年，斯坦福大学工程学院的院长特曼决定在校园里创办工业园区，就是将校园租给高科技公司。这是一个典型的催生"化学反应"的行动。这一行动奠定了硅谷的基础，还彻底改变了斯坦福大学的格局。特曼本人也因而被尊为"硅谷之父"。这是大学和高科技公司的合作，当然也是一种教育合作。

"化学反应"的影响是持久的，2017 年，斯坦福大学再一次在全球创新型人才培养的排名中名列前茅。美国三藩市湾区委员会经济研究院院长伦道夫认为："硅谷是一个自发的衍生物，政府除支持大学以外，可以说什么都没有做。"由此可见，一流大学对硅谷的独特价值，因为只有像斯坦福大学这样能发生"化学反应"的地方，才有可能催生出大批的创业者、风投家、发明家，并且让这些人在一起进一步产生奇妙的"化学反应"。

这就表明，湾区不只是 GDP 数字而已，也不只是建造几个港口、机场就大功告成。实际上，湾区还是企业家精神、风险投资、世界一流大学完美结合的产物，也许可以这样说，粤港澳大湾区的功成名就，在很大的程度上要取决于创新型人才的产出。

在大湾区中，聚集着高科技公司和创新精神的深圳，应该能代表中国的未来城市。但这里却缺少一流的大学。深圳渴望一所符合自身特质、优秀的综合性大学。这是因为"没有大学，就没有硅谷"。随着粤港澳大湾区规划的加速推进，如何共享教育资源，建造一所一流的国际大学，构建粤港澳人才高地，都更加尖锐地摆在了深圳面前。2017 年，深圳的深圳北理莫斯科大学（简称北莫大）开始正式招生，这所大学由深圳及北京理工大学、莫斯科大学合办。尽管目前只招收 115 名学生，却意味着这座城市想靠教育合作，实现高等教育的飞跃：到 2025 年，要办 20 所以上的高等院校，在校学生达到 20 万。而且，香港中文大学（深圳）已连续招生三年。广州的暨南大学、中山大学都已抢滩深圳，通过设立深圳校区招生。看来一个催生粤港澳大湾区教育合作的"化学反应"已经发生。

大湾区建设规划的提速，将一个很紧迫的课题再一次提出来：就是如何实现教育合作以整合粤港澳的高教资源？因为这关系到粤港澳大湾区建设急需的人才培养。粤港澳三地不是没有大学，而是有众多的大学，广东省就有不少于 147 所高校，香港大学等 4 所香港高校已经跻身世界 100 强。大湾区的大学在数量上、质量上都已经大有可为，应用型大学、职业技术院校、综合性大学样样具备，广东职业技术院校的水平在全国还位居前列。不过，即便如此，粤港澳大湾区还是缺少全球一流的综合性大学，如旧金山湾区的斯坦福大学。香港科技大学、香港大学、华南理工大学、中山大学等都是不错的大学，但却不是全球一流。要办全球一流的大湾区大学，就要有全球一流的教育 IP，也需要全球一流的大学。这需要政策和机制的推动，引发教育合作的"化学反应"。

实际上，大湾区已经为三地的教育合作打下了一定的基础。粤港澳三地的高校在师生互访、科研创新、人才培养等方面都建立了一些合作基础，合作发展已进入具体落实与积极推进的新阶段。粤港澳高校创新创业联盟和粤港澳高校联盟两大平台的建立，更使大湾区高校合作的机制得到巩固和进一步完善。这必将成为增进粤港澳三地高校交流、会聚三地顶尖人才、整合各方优势学术资源的基地，带领三地的教育合作进入到更深的领域和更广阔的空间。近年来，大湾区在教育领域的合作不断升级，三地联手打造成全球科技交流合作的学术中心就是一个例子，这将推动大湾区共同迈向知识型经济时代。

粤港澳三地有着同宗同源、一衣带水的优势，还有合作共建的历史渊源，在合作发展教育、促进创新和创业方面也有着各自的优势。港澳的一些基金会，就积极争取在广东省的某些地区建立港澳创新创业实验区，建造一个类似港澳的生活环境和国际营商环境，引进全球和港澳优秀科研机构、教育配套设施及服务业等，降低国际与三地优秀人才在区域内就业和流动的门槛，吸引他们到大湾区生活、创业、就业，通过教育合作和机制创新打造三地人才的高地。香港理工大学表达了粤港澳三地应加强校际合作的愿望，香港科技园则期待与大湾区相关高校共建孵化器。澳门旅游学院强调的是三地青年的交流与互动，以培养共同的湾区意识。鉴于三地合作的良好形势，有的专家建议，三地政府与国家发改委、教育部专项研究大湾区的教育合作，并将三地教育合作纳入到《粤港澳大湾区城市群发展规划》。

三地的教育合作，还应争取在机制和体制的改革上先试先行，使大湾区教育合作取得实质性突破。这样的改革可包括扩大内地高校招收港澳学生的比例和数量、建构港澳高校科研成果在内地孵化的政策、使高校师生的通关便利化等方面。这将有利于引发三地教育合作的"化学反应"，使大湾区生长出像斯坦福大学一样的一流大学。由此推动粤港澳大湾区成为国际一流的大湾区，也为大湾区 IP 打造全球一流的地位。

深化教育合作，打造人才高地

大湾区的教育合作是一个相当复杂的问题，需要从多方面进行实质性的推进。而且，三地的教育合作必须深入进行，才可能取得实质性的进展，促进湾区的整体发展，真正建立起具有充实内涵的大湾区 IP。三地深化教育合作的先决条件是看到共同利益。实际上，任何方面的协同或合作，都面临着共同利益的问题。就粤港澳大湾区的建设而言，其宏观蓝图已经获得广泛的支持，湾区三地的政府和人民，也都认识到与教育合作密切相关的大湾区建设是难得的发展机遇。这说明对三地的教育合作所具有的共同利益已有良好的民意基础。

当然，教育合作的三方还要看到各自的具体利益，这需要三地的高校和教育、科研机构之间展开充分的磋商和对话。既然香港已拥有多所国际级的研究型大学，可为大湾区培养工程、医疗、科技人才，并提供研究开发服务，那么就需要了解香港高校将会从合作中得到什么利益？而拥有众多产业和广阔地域的珠三角是否能为香港高校提供更多、更大的科研项目？如果珠三角的高校与港澳高校进行合作又能获得什么？在教育合作中，究竟优先提升科研实力还是国际化程度？等等。

在建立战略规划的基础上这些具体层面的问题，需要通过一系列的协商、讨论、对话予以解决。这就需要大湾区各高校、各城市建立广泛的协商和对话机制，通过沟通明白各自的优势和需求，进一步建立相应的制度。三方疏通利益思维，建立利益共识，认识到教育合作方面的双赢局面。这就导向深入的教育合作，必将为粤港澳三地带来巨大的共同利益。

通过具体的协商和对话，可以找到各方利益的最大公约数，为教育合作建立起良好的基础。不过，协商和对话还应与顶层的制度设计相结合，达成框架协议，建立互通对接的教育合作机制，将合作导向深入。在建立制度方面，可以借鉴欧盟的做法，当年的博洛尼亚计划对实现欧洲高等教育一体化起到了良好的推动作用。博洛尼亚计划建立了欧洲学分转换和累积制度、外部评价机制与学校内部保障体系、学历和资格互认标准和制度等机制，突破了欧洲各国原来制度的阻碍，加强了欧洲高等教育的竞争力和凝聚力。在促进粤港澳大湾区教育合作上，博洛尼亚计划的成功经验很值得学习。

具体实施时，可先达成教育合作的框架协议，建立大湾区教育一体化的制度基础。再充分比较和评估各地教育的优势和短板，然后制定区域教育资源共享的方案和准入条件。最后一步是建立大湾区内学历、学分、资格的转换和互认制度。

深化粤港澳大湾区的教育合作，还应在教育合作理念上实现交融。大湾区既然已定位为未来的国际科技创新中心，就一定要以三地的教育合作作为支撑。现在粤港澳三地虽然有着相当活跃的企业研发和世界水平的大学基础科研，却在发展路径和理念上不太一致，这使大湾区的创新要素没有产生更好的放大效应。需要有共同的愿景和目标来主导理念交融，通过教育合作更有效地服务于世界科技创新中心的打造。目前，无论是香港的高校，还是广东进入"双一流"的大学，都过于偏重学术取向的研究，对科研成果的应用和科教融合等方面不够重视。如按这种思路持续下去，教育的合作不仅难以深入，港澳的教育还可能游移在大湾区建设之外，广东的教育也出现自我迷失的情况。

可见，大湾区的教育合作需要超越现状。而世界科技创新中心的建造指出了一条超越之路，这将使粤港澳三地的教育深入合作，都致力于为大湾区的经济和产业提供一流的人才支撑和研究支持，而不是紧盯 ESI 学科排名和各种大学排行榜。实际上，旧金山湾区的斯坦福大学在开始时，其学术研究远远比不上美国东部的各所名校。但因为坚持产学研结合的办学模式并不断改进，学校又有包容失败、鼓励创业的文化氛围，就促成了现今斯坦福的辉煌和硅谷的兴起。实际上，现在大湾区高校也具有这方面的基础，如华南理工大学原先也有一些类似斯坦福的做法，包括支持师生创业和创新、推动产学研结合等。这类做法在珠三角制造业兴盛时起到了良好的作用，但如果以大学排名作指导就容易忽视其价值。

对于粤港澳三地的教育而言，大湾区也有着全球最好的创新条件和环境，这就为大湾区教育的合作和发展提供了良好的机遇。伴随着大湾区的建设和发展，三地的教育完全可以在合作的基础上打造国际一流的大学，创建国际一流的教育 IP，建构出大学、企业、创业者和政府之间良性循环的大湾区教育合作新模式。

第 **8** 章

粤港澳大湾区的智能产业

粤港澳大湾区智能行业发展的优势

在当今时代，人工智能正成为信息革命和工业革命的驱动力，将开启和推动数字经济新时代的发展。数字经济的发展，将为智能产业的发展提供广阔的空间。数字经济的时代，也是一个智能时代。这样一个时代，为粤港澳大湾区智能产业的发展提供了大好机遇，也将使未来的大湾区 IP 富含人工智能和数字经济的因素。

与硅谷相比，大湾区更具有促进人工智能行业大发展的潜力。因为在智能产业的发展中，硬件、软件、服务三者是缺一不可的。但旧金山湾区的硅谷，一直沿袭着软件研发在本地、硬件制造靠海外的发展模式，具有一些局限性。粤港澳三地则是在一个较为集中的区域里，协同发展硬件生产、软件研发及相应的服务产业，这就比硅谷更具在智能行业发展的潜力和优势。粤港澳大湾区将是在中国数字经济时代，推动智能产业发展的重要区域。

数字经济已经成为中国经济增长的重要动力。而对粤港澳大湾区的发展和建设而言，需要抓住智能时代的机遇，以寻求更好、更大的发展，有两方面应特别加以关注：一是大湾区的数字经济企业应加快速度走出去，进一步开拓国际市场，建立广泛的国际合作；二是在研发上下功夫，研究硬科技、黑科技，这里面还有很多的施展空间。而香港在这两个方面都具有很大的潜力和价值，将在粤港澳大湾区智能行业的发展上发挥重要作用。

在粤港澳三地中，香港的众多科研机构使其在人工智能研究方面首屈一指，如香港中文大学研究团队，利用人工智能影像技术，识别及判断乳腺癌及肺癌的医学影像。香港还有资源聚集的优势，能够吸引全球高端人才，并吸引许多内地企业与香港合作。如 TCL 集团分别与香港科技大学、香港中文大学、香港大学签署战略合作协议，重点布局新型显示技术，以及人工智能领域的技术研发。腾讯也与港科大联手成立了微信—香港科技大学人工智能联合实验室（What Lab）。

香港还产生了不少达到一定的技术壁垒就能与世界级商业对接的项目，这都是香港智能产业发展的宝藏，需要深度开采。香港原本在医药产业、传统金融、城市发展等方面拥有自己的优势，在智能时代，尤其可能在大数据、生命科学、智慧城市、人工智能、金融科技等领域推出一批高质量的好产品和好项目，出现像大疆这样以科技创新为核心的优秀企业也并非难事。在此基础上，当香港的研发与珠三角的产品研发及制造业优势结合起来时，将会对大湾区的智能产业链建构，以及粤港澳全球一流科技湾区的建设起到重大的推动作用。香港将能很好地切入智能时代，在中国数字经济大发展环境下促进大湾区智能产业的发展，并在这一过程中，使香港经济也得到进一步的转型和升值。

香港将在大湾区智能行业的发展中彰显其优势，成为其中重要的环节。作为一个数字时代的金融港、创新港、科技港，香港不仅是大湾区和全球经济的连接者，也是全球数字经济的参与者和推动者，构成其中重要的一环。这种立足于大湾区的深度融合，必将是大湾区经济转型升级的机遇。在中国数字经济大发展的环境下，香港将能发挥其特有优势，创造出巨大的价值。而粤港澳三地加在一起，更能在这个创新科技富集的区域，发展智能产业，实现硬件生产、软件研发和高端服务业的协同发展。

当然，在推动粤港澳大湾区人工智能产业的发展方面，港、深、广各具优势，也各有所长。深圳在智能产业上具有两大优势，即众多的创新企业和行业，以及腾讯公司。人工智能一般分三个层次：基础层、技术层、应用层。腾讯作为一家综合性大公司，在这三个层次上均有强劲的实力和发展，这也带动了深圳在智能产业方面的发展。在应用层面，深圳也有一些公司和智能项目得到高速发展和推进。如无人驾驶巴士、国内首家 AI 机器人咖啡厅、无人机领域的大疆等。

广州高度重视人工智能产业的发展，在智能产业的发展上密集引入优质资源。2017 年，广州市政府将 IAB（人工智能、生物医药、新一代信息技术等新兴产业）等创新产业确定为全市重点发展的战略性新兴产业，对产业新动能展开全面的探寻。而人工智能产业正成为推进产业转型升级和供给侧结构性改革的新动能。正是在这一背景下，广州市政府、广汽集团分别与腾讯公司签署战略合作框架协议，将从诸多方面打造"智慧城市"。科大讯飞与广药集团正式签署了战略合作协议，探索建立中国的"医药+智能"新发展模式，共同打造"智慧医疗"的服务体系。华为技术有限公司与广州白云区政府共同签署云计算产业战略合作协议，未来将携手在白云区打造千亿元级新一代信息产业集群。

人工智能产业的发展有着一个长链条。而这三个大湾区核心城市在人工智能的发展上各有侧重，又各有优势。广、深、港三大城市如果能结合各自的优势，就都能在智能产业的发展上占有一席之地，并带动整个湾区智能行业的快速发展。

粤港澳大湾区从世界工厂到智造经济

粤港澳大湾区是在珠三角城市群基础上，联合港澳的优势，形成的具有全球视野的经济区域。实际上，在广东省内，致力于制造业的企业绝大多数位于珠三角地区。因此，在大湾区内的珠三角，作为中国创新发展和改革开放的前沿阵地，拥有国内一流的创新型制造类企业。但在过去的珠三角，当地的制造业靠低廉的劳动力成本取胜。现在这里的制造业正在向智能制造转型。尤其在家电制造领域，从制造升级到智能制造，不仅是业界的共识，还形成强大的洪流。制造业内的实力雄厚者借此进一步提高竞争地位，弱者则试图以此实现弯道超车。大湾区从世界工厂到智造经济已是大势所趋，也是凭借自身的制造业优势，打造全球顶尖的大湾区 IP 所必需的。

香港将在大湾区从世界工厂到智造经济的过程中，发挥重要的作用。

香港从20世纪80年代开始产业转型，集中发展贸易、物流、金融等服务行业，而将制造业转移至以珠三角地区为主的内地。制造业空心化的现象，使得香港的产业结构单一，就业结构则出现两极化问题，中层岗位流失。经过几十年的发展，产业形势又出现变化，服务行业与制造业已变得密不可分，香港制造业的匮乏，使一些高增值服务失去了大量市场需求的来源。而且，香港本地经济也再次面临转型，服务业开始向内地和其他地区转移。不过，香港目前的产业现状显示出与珠三角稳固而先进的制造业差异化互补的机遇。

粤港澳大湾区的融合发展，将会为香港经济注入新的活力。相对于香港而言，珠三角的地区经济资源充沛，在这个由香港单一城市向大湾区城市群转型的发展过程中，香港将会享受到更多的低成本福利。这有助于香港的经济结构依托自身成熟的资本市场，向高端制造业和现代服务业发展。珠三角强大的实体经济，也将驱动港澳地区的航运、贸易、服务、制造业进一步转型发展。

而珠三角恰好为世界制造业的高地，也面临着制造业转型升级的挑战，需要借助香港众多科研机构和高端服务业在人工智能方面的优势，实现从传统的制造行业向高端制造业的转变。在粤港澳大湾区的融合发展中，港澳还将为珠三角高端制造业提供巨大的市场契机，为这样的企业提供发展支持。致力于发展高端制造业的格力电器，就是一个例子。格力通过自主制造的智能装备来改变生产模式。而大湾区的融合发展，不仅助力格力电器的家电产品走向更广阔的市场，也为格力电器自主研发的智能装备提供了支撑，使格力电器有望在粤港澳大湾区的发展中获得巨大红利。

按现实情况和粤港澳大湾区的规划，珠三角地区制造业基础雄厚，产业体系完备，其必然成为大湾区的制造业中心。广东也具有发展制造业天然的优势，为数众多的制造型企业产生于广东，其中有一些大型制造企业，已开始成规模地进行机器换人和自动化技术改造，向工业4.0的智能制造目标靠近。这就是说，发展智能制造已经成为转型升级的主攻方向，以此摆脱过去靠劳动力要素而领先的世界工厂局面，并推动粤港澳大湾区的制造业向高端迈进。而广东或珠三角内的一些制造型企业工厂，已经先行一步，拥有全自动化的生产流程，数控机床、机械手、工业机器人等运行井然有序，操作高效精准。这些制造型企业在宽敞的工作环境中，进行着机器电子化作业。在这一背景下，粤港澳大湾区及内地进一步开放的市场，将给高端制造型企业带来更多的挑战和机遇。

通过产业转型和创新发展，粤港澳大湾区有望以智能制造为引擎，将自身打造成全国性的区域经济增长极。

从 2015 年开始，珠三角地区便着手大规模地推行机器换人和智能装备。以此推动制造业掌握核心技术，实现从要素驱动向技术驱动的发展模式转变。当然，这也使制造企业走出成本困境。而作为传统制造业代表的珠三角家电企业，从 2013 年便已开始着手进行这一行业的技术储备与业务布局。过去以成本优势、规模优势取胜的家电行业，近些年已将推动机器换人、智能装备等作为企业发展和转型的关键和动力。

对于珠三角劳动密集型企业而言，一方面，迫切需要智能装备来解决人力成本高、用工荒等问题；另一方面，还必须考虑投资的回报周期，确保自己转型过程中能够稳妥发展。因为自动化及智能装备制造一直以来都是中国制造业最薄弱的环节。一些珠三角企业迫于难以逾越技术障碍，就大手笔收购世界优质标的，或联手外资合力解决困境。这都使是否具有自主培养的智能装备人才、是否拥有自主知识产权等成为需要解决的重要问题。

另一条智能化道路是自主研发，格力电器走的正是这一条自主之路，背后的支撑是其技术创新的实力。2017 年 3 月，格力就首次对外展示其自主研发的系列智能装备成果。其自主研发的自动化产品，已覆盖了智能AGV、工业机器人、大型自动化线体、注塑机械手等十多个领域，既服务于格力自己的智能化生产，也对外服务于家电、医疗、食品、电子、新能源等领域。格力电器现在拥有近万名研发人员，九个研究院，格力每年的科研投入没有上限，2016 年的发明专利数排名全国第七位。截至 2017 年 6 月 12 日，格力电器累计申请专利 29385 项，获得授权专利 18221 项。其中，申请发明专利 11945 项，获得授权发明专利 2517 项。2016 年申请技术专利 7422 项。这样算来，平均每天都有超过 20 项专利问世。

人工智能产业是粤港澳大湾区发展的重要引擎

人工智能产业已经成为粤港澳大湾区发展的重要引擎。这既是经济发展的需要，也是从国家到地方政府重视的结果。在人工智能产业的带动下，大湾区的制造业和各产业都将转型升级，以此建造一流的大湾区 IP。

国务院于 2017 年发布《新一代人工智能发展规划》，将人工智能产业提高到国家发展战略的层面。规划提出，2020 年中国人工智能核心产业规模将超过 1500 亿元，所带动的相关产业超过 1 万亿元规模，2025 年中国人工智能核心产业规模将超过 4000 亿元，带动相关产业规模在 5 万亿元以上。在 2017 年的《政府工作报告》中，明确提出粤港澳大湾区要"打造世界科技创新中心，构建具有国际竞争力的现代产业体系"。凭借粤港澳三地拥有的足够行业应用和行业数据作支撑，大湾区在发展和推广人工智能产业方面具有巨大优势。这就是说，人工智能的发展必将推动大湾区成为全球科技创新中心。

纵观世界，人工智能的市场规模将更加快速增长。据赛迪公开数据，2015 年全世界人工智能市场规模为 1683.9 亿元。麦肯锡的预计表明，到 2025 年，人工智能应用市场的总值将达到 1270 亿美元。面对这一全球市场，粤港澳大湾区优势就在于其强大的制造业基础和生产基地的实力，以及软件产业和硬件产业的汇聚。而新一代技术的人工智能和机器人等，需要多种硬件和软件供应，在这个软件与硬件结合的时代，使粤港澳三地在人工智能方面更具竞争力和发展潜力，由此而带动大湾区各大产业的发展。

粤港澳大湾区各地均已看到智能产业的发展前景，各地政府也以政策先行，给人工智能产业铺路。从城市的产业战略看，广州、深圳两市均以人工智能作为推动科技创新的重点领域，粤港澳大湾区内各城市也都将发展人工智能产业作为工作的重点之一。因此，广东和大湾区各地已出台相关政策，支持人工智能及机器人产业的发展。《广东省新一代人工智能发展规划（2018-2030年）》就将深圳、广州、珠海确定为人工智能产业的核心区，连带着佛山、东莞、惠州三个区域，重点发展科大讯飞和腾讯等五大人工智能开放创新平台。规划还提出发展的目标，到2025年人工智能等核心产业的规模将达3000亿元，总产业规模达到18000亿元。可见，智能产业将成为大湾区发展的重要引擎。

香港从2018年的财政预算案中拨款100亿元，用于人工智能及医疗科技研究。澳门则是在政策文件中强调人工智能在建设智慧城市中的应用场景。广、深两市在2018年出台的政策中，规划了人工智能的应用领域这一方向。

2018年6月发布的《广州南沙人工智能产业发展三年行动计划（2018-2020年）》，分时段、分技术方向与产业领域对广州南沙区人工智能产业做出了指导。行动计划提出，在传感器及芯片等重点技术方向进行攻关，将人工智能技术应用到智能服务机器人、智能医疗等领域。到2020年，南沙区内人工智能案例将实现推广复制，形成有规模的人工智能产业。东莞也力促将人工智能产业和自身的制造业优势结合起来，强调产业化应用。东莞市发布的《东莞市建设国家自主创新示范区实施方案》明确指出，东莞将推进智能装备产业的核心技术攻关，重点发展智能机器人等新兴领域。

人工智能产业作为新一波产业变革的核心驱动力，将进一步释放历次产业变革和科技革命所积蓄的巨大能量，建造新的强大引擎，更新生产、交换、分配、消费等经济过程的各个环节。可见，粤港澳三地智能产业的建设和发展，必将成为整个大湾区建设和发展的重要引擎，给大湾区及周边地区带来强有力的发展机遇。不仅如此，人与城市的情感纽带也将借助智能城市、科技创新等核心科技，得到提升和加强。从而大幅增加粤港澳大湾区IP的内在精神价值，使大湾区IP达到国际顶尖水平。

粤港澳大湾区机器人与人工智能的协同发展

人工智能产业作为粤港澳大湾区建设和发展的重要引擎，也是建造大湾区 IP 的强大驱动力，其自身的发展必会走机器人与人工智能协同发展的道路。这是因为机器人及人工智能彼此之间的密切联系。其中，人工智能（AI）既是研究如何模拟、扩展、延伸人类智能的理论和方法，又是一门新的技术科学或成套的应用系统。人工智能是计算机科学的分支，试图在了解智能实质的基础上，生产出一种新的模拟人类智能做出反应的智能机器。人工智能的研究领域包括机器人、专家系统、图像识别、语言识别、自然语言处理等。

人工智能从诞生以来，理论和技术日益成熟，应用领域也不断地扩大，可以设想，未来人工智能产业带来的科技产品，将会是人类智慧的"容器"。人工智能可以对人的意识、思维的信息过程进行模拟。人工智能不是人的智能，但能像人那样思考、也可能在某些方面超过人的智能。人工智能的这些研究成果都是大湾区建设所急切需要的。

机器人是按人的指令自动执行工作的机器装置，既可以接受人类的指挥，又可以运行预先编排的程序，也可以根据以人工智能技术制定的原则和纲领行动。机器人的任务是帮助或代替人类工作，如制造业、建筑业或危险的工作。联合国标准化组织已采纳美国机器人协会给机器人下的定义：机器人是"一种可编程的多功能操作机，或是为了执行不同的任务而具有可用电脑改变和可编程动作的专门系统"。可见，机器人是人工智能的产物，能为人类带来许多方便之处。机器人与人工智能是相互依存的，可以说，机器人是人工智能的产物，具有多方面的作用和功能，体现人工智能的发展水平。人工智能也因机器人的应用，而得到更大的促进和发展。因此，粤港澳大湾区致力于机器人与人工智能的协同发展。

中共十九大报告明确倡导推动互联网、大数据、机器人、人工智能和实体经济的深度融合，这也正是打造粤港澳大湾区机器人与人工智能协同发展的良好契机。目前，大湾区机器人与人工智能的深度融合发展刚刚起步，应该以粤港澳大湾区建设、粤港澳三地合作、泛珠三角区域的合作为发展机遇，推进大湾区机器人与人工智能的协同发展。此外，人工智能产业的协同发展，也将促进大湾区三地的融合发展。

以粤港协作为例，香港有许多全球一流的大学，能吸引到很多国际级的人才。而目前已有许多教授和研究生在粤港两地工作和研究，参与一些国家级的研究项目。继科研协作以来更为重要的工作，就是如何将科研成果转化为产品而推向市场，这又是大湾区融合发展带给香港的科技创新机会。未来这样的合作还会不断深化，而这种合作，对于机器人与人工智能的协同发展很重要，因为人才是人工智能产业发展的极重要的要素。

粤港澳大湾区的发展，正好碰上全球机器人与人工智能加速发展的时期，国内一些顶级企业都纷纷将目光聚焦到人工智能上。"9+2"城市群也纷纷出台政策和措施，包括组建政府引导基金、成立孵化园、组建研究院、引进国际顶级企业、建构产业园或智能小镇等。而2018年12月6日，在深圳前海举办的GBAS2018大湾区机器人与人工智能大会上，发布了《大湾区人工智能产业发展蓝皮书（2018）》。蓝皮书畅谈粤港澳大湾区人工智能产业发展在国家战略布局中的定位、人工智能在"9+2"城市中的布局与协调、大湾区怎样在人工智能领域形成具有全球影响力的生态圈和产业链等。

目前，中国人工智能发展的短板是核心算法、关键芯片、基础材料及基础理论等方面，尤其还没有形成具有全球影响力的产业链和生态圈。因此，国内人工智能发展比较急迫的任务包括以下几项：

第一，制造高效、高端的智能机器人产品，用以支持传统产业的智能化升级。

第二，建造基础理论和尖端人才的培养体系，设立开放协同的创新平台。

第三，推动建立便捷、安全的智能社会，包括公共安全及社会治理的智能化等。

这些工作都是粤港澳大湾区有条件积极着手进行的，对于大湾区的建设和发展，也是相当必要的。从人工智能的企业和人才看，珠三角目前弱于长三角。这就需要借力大湾区的融合发展，设立配套的产业基金，引进人才和相关领域的专家。在三地融合发展的大势下，推动机器人与人工智能的协同发展，必能产生出丰硕的成果，将来应该能够赶超长三角。

粤港澳大湾区高水平的制造业、物流、终端产品和服务业在全球都占有重要地位，这给大湾区三地协同发展机器人和人工智能带来有利条件，也意味着大湾区拥有足够的行业应用和行业数据作支撑，在人工智能产业的发展上有巨大优势。

智能交通与智能城市及智能社会的融合

在智能产业逐渐发展的基础上，粤港澳大湾区应该建构智能交通系统（ITS）解决交通拥堵等问题，以此联结大湾区都市群及湾区各地。到那时，大湾区城市及社会也都将智能化，形成智能城市及智能社会，实现智能交通与智能城市及智能社会的融合。这样的智能因素和智能基础，也是构建国际一流大湾区 IP 的必要条件。

智能交通系统是一种在大范围内全方位发挥作用的实时、高效、准确的综合交通运输管理系统。这一系统将先进的电子传感技术、数据通信传输技术、信息技术、控制技术及计算机技术等进行有效的集成，运用于整个地面交通的管理。智能交通系统可以有效地利用现有交通设施、保证交通安全、提高运输效率、减少交通负荷和环境污染。因而，日益受到国内外的重视，成为粤港澳大湾区未来交通系统的发展方向。21 世纪将是公路交通智能化的世纪，人们将要采用的智能交通系统，是一种先进的一体化交通综合管理系统。在这样的系统中，车辆靠自己的智能在道路上自由行驶，公路则靠自身的智能将交通流量调整至最佳状态，借助于这个系统，管理人员对车辆的行踪、道路状况掌握得一清二楚。

智能交通系统具有以下两个特点：一是着眼于提高现有交通设施的运行效率，二是着眼于交通信息的广泛应用与服务。与一般技术或智能系统相比，智能交通系统的建设对整体性要求更加严格。这种整体性主要体现在以下几个方面：

一是智能交通系统将使用新一代的技术作支撑，变得"无处不在"，可信任程度也得到提高，更符合人的应用需求。

二是智能交通系统综合了信息工程、控制工程、通信技术、交通工程、计算机技术等众多科学领域的成果，需要众多领域的科学技术人员共同协作。

三是智能交通系统建设涉及众多行业领域，形成社会广泛参与的复杂巨型系统工程，从而带来复杂的行业间协调问题。

四是政府、科研单位、高等院校、企业共同参与。恰当的角色定位和任务分担成为系统有效展开的重要前提条件。

当然，对交通系统的要求，不仅因城市、社会、文化的不同而千差万别，甚至同样的交通状况，因为出行者步行或驾车的不同角色，而会产生不同的感受与评价。进一步而言，同样的角色，因个人性情的不同，也会有不一样的感受。因此，交通是与社会和城市状况密切相关的一个领域。从城市的结构看，珠三角城市化进程也与国外城市不太一样，主要体现在城市结构和道路网络的不同。伦敦、纽约、东京等国外都市的城市功能区相对分散在市中心的周边地区，这与珠三角城市中心区的功能高度集中不同。

由于珠三角城市中，许多人集中在面积狭小的城市中心区工作、生活，城市的交通压力在这一区域内高度集中。这些城市的道路网络经过多年建设和完善，基本形成了环形加放射式的道路网络。市区人口的集聚呈现进一步加剧的情况，人口流动量大。目前的交通，交通流的构成也很复杂，除了庞大的机动车流、自行车流、行人流外，还有越来越多的助动自行车、三轮车等交通方式。这都使独具特色的智能交通体系建设，成为珠三角交通可持续发展的必由之路。不过，对于建立怎样的智能交通系统，大湾区还应根据本地城市和社会的具体情况，进行本土化的探索。

智能交通系统在六个重要方面与城市和社会密切相关，这些方面包括：先进的车辆控制系统、先进的公共交通系统、新物流交通系统、先进的交通管理系统、先进的出行者信息系统、紧急交通救援管理系统。交通运输还支撑着城市和当地经济社会的发展，在很大程度上影响着城市效率。能耗、交通拥堵、事故、环境污染都会损耗城市的效率。由此可见，大湾区的智能交通，必须与智能城市及智能社会相融合。

智能城市指的是系统收集并充分应用城市的数据信息，将这些数据资源与城市生活的各项条件融合起来，进行城市管理，发挥城市的各种功能。而智能社会是以数据科学、信息技术、人工智能等作为技术引擎，实现社会管理、社会服务、生产模式等方面的智能化。智能交通与智能城市、智能社会的融合，有一个重要的关键因素，即移动互联网，不仅为智能交通提供了管理与服务平台，更为大数据采集提供了先决条件与巨大资源。而粤港澳大湾区的建设和发展，要求湾区三地实现大融合，其中，当然包括智能交通与智能城市、智能社会的深度融合。这样一种融合，将为大湾区产业发展、管理服务、数据共享的架构打下了坚实的基础，从感知、传输、数据处理到应用，实现整个大湾区的融合发展。

在大湾区新型的交通系统与城市、社会中，信息将是重要的绿色资源，其中，智能交通与智能城市及智能社会的融合发展，又是解决城市与社会中能源、资源、环境与气候问题的关键。粤港澳大湾区对于智能交通与智能城市及智能社会的融合发展，存在着重大需求，也具有基础条件，还面临重大机遇。

第 **9** 章

粤港澳大湾区的金融机遇

粤港澳大湾区的金融机遇

大湾区 IP 尤其体现在金融业上。而粤港澳大湾区的建设，给粤港澳三地带来了前所未有的金融机遇。这也给大湾区 IP 的无形价值，带来更难以估量的扩展前景。由于大湾区的经贸融合发展，对于金融服务产生了多层面的巨大需求。而大湾区的金融服务，也将由此辐射全国，乃至全世界。从主要方面看，湾区建设产生六大需求，也是六大机遇。现对这些需求和机遇做如下的分析和分述：

（1）大湾区民生需求和机遇

大湾区的金融服务应该满足湾区民生的需求，包括便利北上港人在大湾区的生活。共建宜居、宜业、宜游的优质生活圈是粤港澳大湾区城市群发展规划的核心内容。这是经济发展转向高质量、消费主导的客观需要，也是国家城市群发展战略和区域协调发展的要求。香港特别行政区行政长官林郑月娥在她的首份《施政报告》中，就提出积极参加并推进粤港澳大湾区的建设，要使大湾区成为香港人的优质生活圈。实际上，这也是大湾区居民的共同期待。研究显示，香港回归以来，跨境婚姻的人口已经接近100 万，目前有 30 万左右的香港人长期在内地工作或求学，大多数在珠三角一带。2017 年，香港人到广东的过夜旅客达到 2222.6 万人次，占广东全部入境过夜旅客的 60%，表明大湾区共同生活圈已初具雏形。

随着广深港高铁和港珠澳大桥的开通，大湾区将形成"一小时生活圈"，越来越多的香港人或在香港生活、工作的外籍人士会到珠三角地区就业、创业、上学、就业、出差、休闲、养老或定居，港企港人在大湾区的投资、消费涉及的各类跨境支付需求，必将会不断增加。其实，大湾区的金融跨境支付已经十分普遍，呈快速上升趋势。据中国人民银行广州分行的统计，2012~2016 年，广东与香港金融账户的跨境支付年均增长率达到

22.2%，占到与境外金融账户的外汇收支的一半以上，将来还有很大的发展空间。关系居民生活有关的小额跨境支付更是快速增长。

不过，由于金融政策的原因，大湾区资金流动短期内可能难以放开。但可采取某些临时政策，先为湾区的香港居民提供金融便利，包括消费支付、医疗费跨境支付、置业融资、汇兑以及理财、跨境上学缴费、交通付费等。在此基础上，再由单向便利服务扩大双向，形成大湾区金融的一体化发展。当然，由于提供金融便利涉及香港和内地不同的金融监管政策和制度，需要各方协商，以逐步取得突破，得到解决。

（2）基建融资的需求和机遇

基础设施的互联互通是粤港澳大湾区综合发展的前提，通信、电气、交通、管道等方面的建设，将产生巨大的基建类融资需求。据广东省"十三五"规划，这期间将要完成的交通基础设施建设投资达到1.2万亿元，新建成高速公路4000公里以上、轨道交通约2100公里。其中，高速公路计划投资达5000亿元。这样大规模的基础建设，必将会带来巨大的基建融资需求，要求大湾区的商业银行等金融机构提供大量资金，以及各种相关金融服务。

基础设施建设与粤港澳大湾区金融业的发展是相辅相成的。完善的基础设施建设成为大湾区金融业整合的基本保障，而基础设施互联互通的需要，又带来巨大的融资需求和配套服务需求，也成为大湾区金融业的一大机遇。

（3）生态环保的需求和机遇

2018年两会提出，要坚决打好三大攻坚战，其中包括污染防治。这既是国家经济发展的战略要求，也是对大湾区建设提出的一个要求。从自身的定位来说，要将粤港澳大湾区建造成国际一流湾区，不仅需要良好的生态环境，还要在低碳、环保、绿色等可持续发展方面，都取得显著的成效。推动污染防治、建造绿色，就需要大力发展绿色金融。在2015年巴黎气候变化会议达成协议之后，各国政府都纷纷采取行动，鼓励发展绿色金融。例如，日本政府建立了清洁能源基金、新加坡政府则推行绿色融资先导计划。

中国在发展绿色金融方面具有领先的地位。据中国人民银行的估计，"十三五"期间绿色项目所需投资超过 1.5 千亿美元，政府只可能提供 15% 左右，发展绿色金融就成为当务之急。这就促使国内绿色债券市场的活跃度近年来不断升高，并将把金融机构的绿色信贷成效纳入到宏观审慎评估体系（MPA）考核。香港特区政府也将推动绿色债券的发展作为施政重点。香港的独特条件，使其在国内绿色债券和绿色金融的发展方面扮演起重要的角色，也成为大湾区绿色金融的先行者。香港可通过举行绿色金融及投资全球会议、发行基准"绿色债券"、为绿色金融项目和证券建立"绿色金融标签计划"、培育绿色金融人才等方式，将香港建造成为大湾区内主要绿色金融中心，为建设绿色低碳的大湾区提供融资和资金支持。

（4）资产管理的需求和机遇

过去几年，在国家和全球经济发展的推动下，香港已成为湾区内重要的资产管理中心。香港的基金管理业务处于亚洲领先地位，至 2016 年底合计资产已达到 18.3 万亿港元左右，其中的资产管理业务占到大约 12.8 万亿港元，私人财富管理业务 5.2 万亿港元。2012~2016 年资产管理业的公司数目增长大于 50% 以上，资产中约 70% 来自管理非房地产基金管理业务的非本地投资者。

香港特区政府也致力于提高资产管理业的竞争力，过去数年落实的基金互认安排，就是一项重要措施。伴随粤港澳大湾区产业结构的升级，大湾区必将成为全球高端产业和富有人群的聚居地，产生大量投资和资产管理的需求。在这一经济形势下，香港将带动大湾区成为全球资产管理的中心。

（5）"一带一路"的投融资需求

开放互动是大湾区协作发展的必然趋势，也成为建造国际一流湾区的助推器。而大湾区的地理位置优越，还具有广阔的经济腹地，对外开放的优势明显。粤港澳大湾区海港群与空港群的规模也在全球领先，有着国际化综合枢纽的地位。借助这些有利条件，将粤港澳大湾区建设融入"一带一路"倡议，就能发挥湾区海陆统筹、内外联动的重要支撑作用，进一步引导区内各地区的协作开放。继而深化与"一带一路"沿线国家在金融、投资、经贸、能源、技术、服务、人文及生态环保等领域的合作，在基础设施方面加强与这些国家的互联互通。从而建构国际经贸合作平台和对话交流机制，联合区内各城市建造促进"一带一路"建设的重要支点。进一步建造与全球投资贸易规则相衔接的优良营商环境，提升粤港澳大湾区的国际化水平。

"一带一路"倡议的实施，必将带动大规模资金需求。据亚洲开发银行估计，至2030年，亚太区基建投资总需求将达到26万亿美元以上，这就给大湾区金融带来前所未有的机遇。亚洲基础设施投资银行是"一带一路"倡议的重要一环，在基建融投资方面发挥着积极的作用，香港参与亚投行的筹建工作，已经成为亚投行的成员，并争取在港提供财资、调解及仲裁服务。香港政府还出台一系列优惠政策，以吸引国际、国内企业在港成立企业财资中心，并打造有利于伊斯兰金融发展的平台。如今国内企业借港出海到丝路各国投资已成趋势，大湾区可在金融方面深化合作，通过直接融资和间接融资相结合、股权和债权相结合等方式，为这些企业提供多方面的融资安排。

"一带一路"体现着全球合作的理念和实践，在现今世界保护主义倾向持续抬头的形势下，这个创新理念尤显可贵。大湾区本身就是"一带一路"的重要节点，与海外华人华侨互动来往频繁，在"一带一路"倡议中扮演着重要角色。大湾区中的香港，又是国际金融、贸易中心，具有独特的区位和政策优势，可以定位为"一带一路"的国际金融和贸易服务枢纽。

（6）离岸在岸业务发展的需求和机遇

香港作为世界最大的人民币离岸市场，拥有着世界最大的离岸人民币资金池，全球七成左右的离岸人民币支付交易都在香港处理，堪称国际离岸人民币业务枢纽。而湾区内的珠三角，借助自贸区的政策优势，一直在金融协作方面先行先试，搭建离岸人民币在岸服务平台。到2017年底，进入广东自贸区的金融类企业达到7万家，在全国自贸区中居首位。跨境金融方面，广东以自贸区为中心推广本外币账户应用，跨境人民币结算累计达到 13.87 万亿元，双向跨境人民币资金池业务累计收付达到 408 亿元。可见，通过合理的分工、合作及协调发展，大湾区可进一步推进离在岸市场的快速融合，发挥全球离在岸人民币业务枢纽的作用。

大湾区离岸在岸金融业务还将有进一步快速发展。在广东自贸区、《内地与港澳关于建立更紧密经贸关系的安排》等政策框架下，多项自贸和资本项目开放政策将首先在大湾区内推出，必然会促进跨境资本的高速流动，也推动离岸在岸金融业务的高速发展。2018 年 4 月 2 日，广州市金融工作局局长邱亿通表示，内地和香港可以大湾区建设为抓手，推进人民币跨境业务的创新，推动跨境人民币双向融资、跨境双向人民币资金池、跨境发行人民币债券、跨境人民币结算等合作，促进离岸、在岸人民币资金互通。2018 年 6 月 6 日，广东省省长马兴瑞在会见汇丰集团行政总裁范宁时表示，当前，广东正联手港澳推进大湾区建设，重点在于畅通三地的资金流、物流、人流、信息流，并希望在金融方面发挥香港全球金融中心的作用，推动人民币国际化，建造具有全球影响力的国际金融枢纽和创新高地。

粤港澳大湾区金融业整合趋势

整合将带来以乘数或指数法则进行的大湾区 IP 增长。截至 2017 年底，大湾区 11 座城市 GDP 之和超过人民币 10 万亿元，经济总量超过纽约湾区，排名已处于全球第二。在这一基础上，大湾区的 GDP 总量有机会在不久的将来超过东京湾区，成为世界上最大的湾区。而经济的发展，又要以金融业的完善和发展作支撑，这就对大湾区金融业的整合提出了基本的要求。但与全球其他三个著名的大湾区相比，粤港澳大湾区在经济发展的水平上还是略有逊色，主要表现在人均 GDP 上。2016 年粤港澳大湾区人均 GDP 为 20628 美元，低于其他三个大湾区各自的水平。不过，存在着这样一个差距，并非是一件坏事，因为大湾区固有的多重优势，使差距反而成为粤港澳大湾区发展的动力和机会。提高大湾区的经济发展水平是湾区建设的主要目标。而大湾区经济的崛起，对该区金融业提出了更多的需求，必然会推动大湾区金融业的整合。

只有通过金融业的整合，才能保证香港的国际金融地位和 IP 价值。香港长期稳居亚洲金融中心宝座，处在全球排名第三、亚洲排名第一的位置，但在 2016 年却出现了下降趋势。由中国发展研究院和英国智库 Z/Yen 集团联合编制的全球金融中心指数（GFCI）显示，2016 年新加坡已超越香港的地位，成为全球第三、亚洲第一的金融中心。不过，形势似乎并没有那么严重，2017 年香港全力赶超，重新得到全球第三、亚洲第一的地位。即使如此，还是要居安思危，因为近年来，东京、新加坡的 GFCI 指数与香港的差值不断减小，2017 年香港 GFCI 指数仅较新加坡高出 2 个单位，这就提示香港金融业面临着某种困境。

香港的经济过去靠金融、地产、贸易、旅游等优势居于世界前列，现今随着世界经贸的全球化发展，贸易、旅游方面的优势明显减弱，香港的"购物天堂"美誉也已好景不再。而香港的服务业在经济总量中的比例超过 90%，显示香港实业基础薄弱。虽然金融业仍旧是香港的最大优势，但在缺少实业支撑的情况下，势必要借着与珠三角经济的融合，加速大湾区金融业的整合，以保持香港金融的国际竞争力。珠三角的优势恰恰在于制造业与高科技创新行业，这里有华为、腾讯、华讯方舟、华大基因等诸多国际国内的科技巨头。到 2017 年，深圳已有 5014 家企业达到国家高新技术企业的认定标准，国家高新技术企业的数量也突破万家，成为继北京之后，全国第二个高新技术企业过万的城市。深圳的创业板和中小板上市公司数量，连续十一年居于全国大中城市的榜首。这也使得珠三角能与长三角相竞争。而香港若不凭借大湾区中珠三角的实力，将无法面对国际金融业的竞争。

当然，需求是双向的。香港和澳门都拥有与国际相接轨的各类经济与法律制度，成为粤港澳大湾区重要的国际平台。包括深圳在内的国内企业，可以依托香港这一平台，积极地走向世界，参与全球化。香港还是重要的全球融资中心，世界最大的离岸人民币业务中心，全球各地的投资者都汇集香港。香港所具有的强大资金优势，可为国内企业的发展提供完善的融资服务。港交所在近期也修改了《主板规则》，以方便国内新兴产业及创新科技公司赴港上市。如国内科技巨头小米公司已经在香港上市。在全球经济转型的背景下，世界各地都面临传统经济增长动力减弱、新经济迫切需要金融支持的情况。国内的新经济也不例外，需要大量的融资作支撑，但在修订相关法律、法规上却相对迟延。作为全球金融市场中间一环的香港，有着独特优势，制度调整灵活，可以为这些企业提供融资渠道。香港也就成为国内新经济公司上市的首选。这一形势必然推动大湾区金融业的整合。

实际上，随着资本账户的开放，香港还要面对来自内地金融中心及自贸区的竞争。而新加坡、伦敦等地离岸人民币市场也在快速增长。粤港澳大湾区的金融整合，将有助于加快香港与国内经济的深度融合，依托大湾区珠三角的产业链及深圳的科技创新，满足更广阔的内地金融需求。通过深化与内地金融市场的互联互通，寻求香港经济发展的新空间。

自改革开放以来，香港就成为连接内地企业与世界的桥梁。而通过粤港澳大湾区的金融整合，香港可以更好地发挥内地企业与世界市场之间"超级桥梁"的作用，进一步增强香港的竞争优势，提升其金融业的地位。

前景广阔的粤港澳大湾区金融创新

创新引领产业和经济的发展，也带动大湾区 IP 的增值。创新金融包括风险投资、创业资本、中小企业板及创业板等，将成为大湾区金融创新和合作的一大重点和亮点。尤其创业资本和风险投资，作为创新金融的代表，将成为大湾区内经济整合的重要力量，带动创新科技和文化创意产业，以及企业融资、财富管理、消费金融等区内成熟金融进一步的发展，也为港、深金融业提供更多、更好的商机。因此，粤港澳大湾区还应深化创新金融领域的合作，为湾区内创新型经济及整体经济、贸易的发展，提供重要支撑和保障。

大湾区的金融创新前景，突出地表现在金融科技上，这也是未来大湾区 IP 的一个亮点。湾区内的深圳有着创新驱动的先发优势，香港则具有金融服务和金融制度的国际化优势，可以充分发挥双方在金融和科技领域的优势，通过强强联合、优势互补、融合发展，在区内形成"金融+科技"的双轮驱动，为金融科技的创新发展提供得天独厚的条件。这不仅能提升粤港澳大湾区金融科技整体发展水平，还可促使粤港澳大湾区发展成为金融科技创新的高地。正是因为粤港澳大湾区金融创新的前景广阔，深交所与腾讯公司在 2018 年 6 月 6 日共同宣布启动《粤港澳大湾区金融科技发展报告》联合研究项目。希望通过研究项目搭建平台，发挥各方力量共同推进金融科技在粤港澳大湾区的发展与应用，也深入研究大湾区金融科技产业的发展趋势，推动粤港澳大湾区跻身世界级湾区。

在大湾区发展创新金融，推动金融与创新科技的深度融合，也符合国家和地方的经济发展战略。2018 年的两会提出，要深入实施创新驱动的发展战略，加快建设创新型国家，不断地增强经济竞争力和创新力。香港通过修订法例，为高科技创新企业以同股不同权的形式到港上市创造有利条件。香港特别行政区政府还以税务优惠及资金资助的方式，促进香港的创新、研发活动，并鼓励和引导资本市场投资香港新创的高科技企业。香港的金融机构也放眼整个大湾区，在项目贷款、银团贷款、发行基建债券和基金等领域，以新的方式向粤港澳大湾区科技企业提供资金，推动大湾区创新经济的发展。

广东作为全国制造大省，既迎来全球新兴产业发展的重大机遇，也面临着发达国家先进生产力、发展中国家低成本带来的双重挑战，建造国家科技产业创新中心已列为广东今后创新驱动发展的首要任务，深圳、广州也积极打造创新型城市。近几年来，广东还针对科技创新的特点和需要，发展出多形式、多层次的科技资本市场。初步建起以政府为引导，企业为主体，银行、创业投资、产权交易、证券等为依托的科技投融资体系。这一体系中，深圳在早期和创业投资两个市场均有明显优势，独占鳌头。据深交所统计，2017 年底深圳创业板和中小企业板总市值超过 2 万亿美元，为金融科技企业提供了大量资金。这些都表明，粤港澳大湾区创新金融和创新科技的深度融合，将支撑科技产业的创新发展和崛起。科技产业的创新发展已成为大湾区规划发展的核心内涵，创新驱动则成为其中的主旋律。

深化粤港澳金融合作，构建大湾区金融圈

粤港澳大湾区的建设，需要全面深化该区的金融合作，构建湾区金融圈。这在未来将是大湾区 IP 中一个抢眼的价值增值圈。现在大湾区的金融业是中国乃至亚太区最具竞争力的产业，香港是全球三大国际金融中心之一，深圳在全球金融中心最新排名中居第 20 位，广州居第 32 位，全球所有的金融活动差不多都可在这里找到。目前大湾区金融业总体规模已达到国际水平。2017 年底粤港澳三地银行总资产约有 7 万亿美元，银行存款总额高达 4.7 万亿美元，这两个数字都超过纽约湾区和旧金山湾区。2017 年保险保费收入约 1280 亿美元，相当于全国总保费收入的 1/4。港深主板市场总市值超过 5.5 万亿美元，排全球第四位。

粤港澳金融合作具有良好的基础，随着内地的金融开放程度不断加深，粤港澳三地金融业合作前景将更加被看好。不过，粤港澳大湾区的港、澳与广东九座城市分属三个不同的金融体系。那么，怎样实现粤港澳大湾区的金融整合呢？进行简单的金融合并肯定不行，且存在深圳、广州的金融发展水平远不如香港的问题。纽约大湾区有纽约金融中心，东京大湾区有东京金融中心，那么，粤港澳大湾区能不能以香港为单一金融中心呢？恐怕还是不行。香港缺乏实业基础，经济实力和发展潜力均不如纽约和东京，在与其他三大湾区的未来竞争中不具明显优势。这样看来，适合将香港设为大湾区国际金融中心，而将深圳设为国内金融中心，以港、深两个金融

中心带动粤港澳大湾区金融的整合和发展。香港本来就具有国际金融中心的地位，这样也能够与"一国两制"的基本国策相符合。

港、深两个金融中心的地位无法被大湾区内其他城市所替代，而这两个金融中心还可以相互取长补短，加上全球排名第二的经济总量作支撑，将形成其他三大湾区无法超越的粤港澳大湾区金融中心优势。深交所和港交所的证券数据均能说明这个问题。2016 年深交所总市值达 3.4 万亿美元，超过港交所的 3.2 万亿美元。2017 年深交所总市值达到 3.7 万亿美元，港交所总市值则升到 4.3 万亿美元。2017 年港交所和深交所的募集总额分别排名全球第三和第五。

当然，港、澳和粤在金融环境和制度方面的差别相当大，为大湾区金融业的互联互通带来一些困难。这尤其需要内地加强金融体制改革和金融开放程度，并在金融环境的建造上做出一系列努力。主要表现在以下六个方面：

（1）实现大湾区货币的自由流通

大湾区现有人民币、港元、澳门元三种流通货币，分属于不同的银行体系，这三种货币仍然没有实现自由流通。随着大湾区经贸的快速增长，区内经济和社会来往必然增加，这就形成参与大湾区活动的各主体对区内货币的自由流通产生迫切需求。这就要求在大湾区建立货币流通机制，保证三种货币的自由流通。区内货币自由流通还将为人民币的国际化提供经验。

（2）实现湾区资本的自由进出

从 2012~2016 年内地与香港之间直接投资流量的比较可以看到：内地对香港直接投资流量不断地上升，而香港对内地的直接投资流量呈先升后降的趋势，两者间呈现出明显的"剪刀差"。而导致这一现象的主要原因是香港金融机构进入内地时，面临门槛和成本限制。为实现大湾区内金融业的真正整合，应该放松大湾区内的管制要求，在区内逐步实现对港、澳资本的放开。当然，也要进一步放开湾区内资本进入香港、澳门的限制要求。

（3）风投资金的互通互联

以发展大湾区创新经济为着重点，促进港澳粤金融市场的互通互联。

深圳拥有众多的高科技企业，但其研究机构的数量过少，这使新技术从研究到应用的周期加长，对区内创新能力造成了一些阻碍。

如果能够引入港资，整合"香港三校"的优质科研资源，将来大湾区还可参考世界三大湾区的模式。如旧金山湾区集聚了加州伯克利、斯坦福、艾姆斯研究中心等国际水平的科研机构和高等院校，为硅谷崛起源源不断地提供高科技人才。这就需要香港的风险投资和私募基金也为大湾区内的金融科技公司提供资金，而这些公司，也就成为香港金融机构和银行的合作伙伴和客户。当这些金融科技公司规模不断变大后，还可来港上市，以香港作为融资平台。而香港有很多企业合并和收购方面的专业人才，可为湾区内的高科技企业和创业公司提供相应的金融服务。

（4）大湾区金融监管政策和体制大致统一

大湾区内的珠三角九座城市，肯定会受到内地金融监管体制和政策的管制，但港、澳不会完全按内地金融监管体制和政策进行操作。在这种情况下，粤港澳大湾区可借鉴香港的金融经验，以其金融政策和体制作为参考，建立起大致统一的大湾区金融政策和监管体制。

（5）法律体制彼此协调

香港属英美法系，重判例；内地则属大陆法系，重在条文。法系上的区别会对金融业的跨境业务造成一些问题，由此影响金融行业的整合效果。鉴于香港是一个成熟的法治社会，内地法治依然还需完善，而金融行业又对规则要求极高，可以建立法律体制协调机制。借鉴香港的相关法律和规范，促使珠三角九座城市的法律体系填补漏洞，提高广深金融证券从业人员的职业水平和道德意识。在此基础上，依法惩戒违法行为，维持金融市场的秩序，促进大湾区的金融整合。

（6）基础设施还须互联互通

基础设施的互联互通是促进各要素自由流动、推动湾区金融业整合及协同发展的一个重要前提。在这一过程中应该统一规划区域交通系统，综合衡量重大基础交通设施建设、管理模式、线网走向，并优化铁路、高速公路、城市交通轨道与内河航道等交通网络的布局。区内各城市圈的轨道通勤体系应彼此衔接，实现交通、通信设施的一体化建设，简化港澳通关手续，形成粤港澳大湾区"一小时生活圈"。

　　还要强化信息基础设施的建设，打造粤港澳三地的信息资源集成共享，为湾区内的生产生活提供高质量、快捷的信息服务。完善大湾区海港群与空港群的建设，实现多港联动，以扩大辐射范围，建成国际级的全球航运中心和海港枢纽。这一切都必将为大湾区 IP 进一步增值打下良好的基础。

第 **10** 章

粤港澳大湾区的投资机会

粤港澳大湾区有哪些投资机会

粤港澳大湾区与珠三角在覆盖范围上相一致。珠三角曾经引领中国 20 世纪 80 年代改革开放潮流。在新经济时代，粤港澳大湾区在助力港澳融入国家发展大局的同时，也有望引领新一轮改革开放。珠三角经历近十年的产业结构调整转型之后，服务业发展整体加快，传统制造业占比回落。其中，广深地区已成为中国的创新产业中心，创新也将驱动粤港澳大湾区继续发展。未来将在投资潮的推动下，促进大湾区 IP 进一步地加速增值。

就规模指标而言，粤港澳大湾区并不逊色于国际三大湾区。但在人均 GDP 上，粤港澳大湾区还有差距。三大湾区在人均 GDP 上有所分化，以科技创新为代表的旧金山湾区人均 GDP 遥遥领先，以金融服务、生物医药为特色的纽约湾区位居第二，以工业制造为主要方向的东京湾区排名第三，而三者差距有扩大的趋势。这就说明创新与金融在增长潜力上远大于传统的工业制造。目前，粤港澳大湾区与国际三大湾区相比还缺乏明显特征，但粤港澳大湾区拥有高端人才来源与良好的基础设施，且已形成高科技创新企业集聚。大湾区内港交所与深交所两大交易所，将使金融与科技创新的融合成为湾区未来发展的方向。这不仅会给粤港澳大湾区提供持续的增长潜力，还有助于维护大湾区优美的自然环境。

粤港澳大湾区还独享一国两制的优势。香港有着国际一流的高校集群和科研机构，使其高端人才助推开放、创新。大湾区不仅可凭借一国两制的优势，获得新一轮改革开放中的领跑机会，还可在管理体系与对外投资上率先对标世界。另外，与香港高端人才的交流也将助推粤港澳大湾区产业升级、扩大开放及创新发展。这就使粤港澳大湾区在全国经济中分量较重，珠三角出口数据突出。在经济总量、工业增加值和消费总额等方面，粤港澳大湾区占比均超过 10%。广东一般债务余额占 GDP 比重与财政债务率两个指标均处于全国靠后位置，表明广东和珠三角地区在债务偿还能力上显著高于全国平均水平，居于前列。而广东较为健康的财政状况，也将显著减轻结构性去杠杆背景下粤港澳三地融合面临的资金压力。地理优势与国际级港口群的存在也给粤港澳大湾区带来了出口优势。

在资源禀赋、经济体制、法律地位等方面，粤港澳三地都有着很强的互补性，这将加快融合以助推大湾区发展成全球一线湾区。尤其在一系列基础设施建成后，粤港澳三地融合发展的基础更为牢固。目前，大湾区三地融合面临的问题主要是三者的财政、税收、法律等体系有较大差别，三地在此前的规划与发展中并未进行科学统筹，发展缺乏协同性。而未来在统一的粤港澳大湾区规划下，三地的融合有着绝好的机遇，有助于珠三角在各项制度体系上对标港澳，加速克服三地之间阻碍融合发展的制度差异。

同时，统一的规划将充分考虑到香港作为全球金融中心的地位，以及广深作为国内创新产业集群中心的优势，以加强资金、人才、技术专利等要素资源的流动，充分释放金融及创新融合对大湾区经济的驱动力。粤港澳大湾区的优越条件展现出了良好的投资机会。

在上述背景下，粤港澳大湾区的产业投资，还需瞄准新经济领域。在大湾区的发展过程中，金融和高科技创新的融合，将发挥至关重要的作用，而这也将成为未来粤港澳三地的关键特征。港、澳拥有成熟的市场体系与特殊的法律地位；港、深两地均有证券交易所，使大湾区金融优势显著；深、广两地则有国内创新产业集群的先发优势。因此，香港、澳门、广州、深圳将成为未来粤港澳大湾区建设的核心，珠海、东莞、中山、佛山将成为规模较小的区域性核心城市，而肇庆、江门、惠州将发展成有特色产业的大中城市。

从产业发展方向上看，粤港澳三地未来的发展，将主要依靠创新领域与金融的融合。在国际货币政策正常化启动与国内结构性去杠杆的大背景下，近年传统制造业企业陆续曝光违约的案例正在增加，部分高负债、重资产公司可能面临较大的投资风险。具有优越投资机会的产业将集中在大数据、云计算、人工智能、集成电路、生物医药、新能源、新能源汽车等新经济领域，将来珠三角上述产业中将诞生未来创新科技的巨头。当然，这也受益于未来粤港澳大湾区的融合发展。

自粤港澳大湾区战略面世以来，香港一直在投资者的心目中占有龙头位置。据统计，从 2011 年开始，投向大湾区房地产的资金中，落户香港的占了 84%，而广州、深圳所占比例居次。这反映出香港作为国际金融城市的价值，而随着大湾区整体第三产业的进一步发展和成熟，香港房地产将面临更大的需求。

在珠三角房地产投资方面，广州、深圳、佛山三城在 2008 年金融危机后人口净流入规模上处于领先。而深圳、广州、佛山三地房价依次递减，深圳在诸多领域存在明显优势，广州、深圳两市的竞争力强于佛山。其中，广州的优势在于消费规模、科研院所与经济，深圳在出口、财政、人均产值、研发等方面有明显优势，佛山的优势主要集中于较低的房价与当地较高的研发投入。在房价上，香港、澳门、深圳、广州呈明显的递减梯级，珠海、东莞、佛山、中山房价也是依序递减。肇庆、江门房价相当，但均低于惠州房价。从未来城市的发展空间看，粤港澳大湾区的广州、中山、佛山、江门与肇庆或将有不错的房地产投资机会。

目前，以服务业为主的第三产业，在三地中的分布仍以香港为主导，但广州、深圳的第三产业近年来发展也越来越快，2017 年占各自生产总值的比重已升至六七成。第三产业的发展将引发对于写字楼物业的庞大需求，预计在大湾区第三产业高速发展的状态下，香港、深圳、广州等城市的写字楼市场仍拥有强劲的需求。

近几年来，粤港澳大湾区的投资优势和机会突出体现在以下几个方面：

第一，大湾区产业合作升级。粤港澳三地目前是单个城市成熟发展后的融合发展。在港澳的传统产业优势之外，将以香港为中心进行知识产权贸易、科技交流合作等，而澳门将发展中医药、会展商贸等产业。在三地合作的基础上，珠三角城市群的产业发展将以科技创新、金融、高端制造业为方向。

第二，交通基础设施充分对接。目前，大湾区规划建设 15 条共计 1430

公里的城际轨道交通路线，以期打造珠三角城市群内"一小时城轨交通圈"。到2020年，区内铁路运营里程将达5500公里，公路总长达到25万公里。而港珠澳大桥的建成极大地提高了区内交通的便利程度。

第三，珠三角片区功能改造与产业集聚。目前，粤港澳科技创新实力非常突出，高新技术企业规模居国内前列。粤港澳三地的投资优势离不开产业集聚、片区功能改造带来的产业升级和资源整合。在这一过程中，粤港澳城市群也将向宜居的国际级绿色城市群发展。

第四，港口航运中心的建设加快，具有强大优势。粤港澳大湾区拥有世界级海港群，其中香港、深圳、广州的商业港口规模靠前。

粤港澳大湾区投资关键词：TOD、创新科技、智能制造

以珠江湾区地带为核心的粤港澳大湾区，汇聚了香港、广州、深圳、东莞、珠海等多个港口，同时又聚集了现代服务业、战略性新兴产业、高科技产业。由此而产生湾区群、港口群、产业群、城市群的多群叠加效应，具备梯度发展及多极共生的特点。其中，广佛肇、澳珠中江、港深莞惠等城市群将依托各自的产业优势，进一步推进整个大湾区的一体化及产业融合，建构优质合一的大湾区IP。而粤港澳大湾区未来的产业机遇，将集中在包括空港经济的TOD、创新科技及智能制造等领域。

TOD指的是以公共交通为导向的开发。目前，逐渐完善的铁路、公路、港口和机场等交通网络，打通了城市间资源流动的脉络，为城市群及跨区域的经济往来打下了坚实基础。受益于大湾区发展的需求，TOD具有巨大的投资潜力，在优化产业结构、加速人口导入、完善城市功能及带动区域升值上将大有所为。据统计，2007~2018年，粤港澳大湾区公路增长57%、铁路增长37%，而在建、扩建、拟建的机场达到5个。在轨道TOD方面，

三地分布着多达 22 个值得投资 TOD 项目的铁路枢纽。空港产业也是 TOD 范畴中的持续热点，已为大湾区内的相关辐射区域，带来了房价的大幅度攀升，成功地带动了区域升值。

而随着交通路网的进一步扩展和完善，必将在更多的地区形成新的增长点。如中山翠亨新区即是一例。将来深中通道建成后，中山翠亨新区将成为连接珠江东西两岸的桥头堡。目前该区已引入的龙头项目和企业有哈尔滨工业大学机器人、万科、中兴、保利等。

创新科技产业凭借粤港澳大湾区一流的人才资源、布局广泛的新兴产业重点发展基地及优质的研发条件，未来将全面推动大湾区产业的转型升级，借科技创新实现产业多元化，向产城融合的方向发展。深圳作为大湾区科技创新的活力前沿，受益于自由完善的市场环境以及多年来的政策扶持，已经培育了一条从独角兽、行业巨头、创业企业联结行业上下游企业的科创企业生态链。而广州也靠已有的众多优势向创新科技方向强劲发展。

根据最新出版的《自然》（英国）杂志增刊《2018 自然指数——科研城市》公布的排行榜，在世界科研城市 50 强中，广州排名第 25 位。广州的传统制造业正在产业升级的浪潮带动下转型升级，加快 NEM、IAB 等新兴产业领域的发展，加上自身雄厚的教育和科研资源，必将实现千年商都向粤港澳大湾区创新科技产业研发和应用基地的飞跃。

广、深科技创新走廊将会联动多个跨湾区产业区，迎来更密切的互动和融合，带领大湾区三大城市群创新科技的发展进入新阶段。而在香港，全球化高度发达的金融市场、服务体系、商业模式，使这里成为大湾区内科技公司走向海外的第一站，推动大湾区创新科技产业高效对接全球资本，也进一步带动大湾区 IP 的国际化。

智能制造是投资大湾区的又一重点和热点。粤港澳三地拥有雄厚的制造业基础，并形成了思科广州智慧城、中新广州知识城、深圳湾生态科技园、佛山三龙湾高端创新集聚区、珠海经济技术开发区及松山湖科技产业园区六大重点投资区域。而在智能制造等高端产业方面，大湾区三地同样各有特色。其中，广佛肇区域偏重制造，在智能家居、智能装备、汽车产业上领先；深莞惠区域注重研发，在智能终端、精密智能设备、电子信息产业中心等方面见长；澳珠中江区域则凭借成本低廉、土地资源丰富等优势，在特色产业方面大有建树，如海洋工程装备制造、轨道交通产业等。

产业与房地产领衔大湾区投资

粤港澳大湾区的建设和融合发展，进一步带动了大湾区产业地产和房地产的投资。产业地产是以产业为主导方向的地产项目。通过这样的地产项目，可引入资本及规划运营、整合资源，打造产业集群并实现产城融合，由此改善区域经济环境及提升城市竞争力。早期的产业地产主要注重第二产业，就是以生产制造为核心，发展物流园、工业园等项目。之后，进一步发展出的"2.5产业"，则是围绕研发办公、孵化器、加速器、生产性服务业等功能为主的升级版本。现今产业地产已延伸至以服务业为主导的综合型房地产开发，市场常见项目如养老地产、各种特色小镇、旅游地产等。这些投资都能使大湾区IP深具特色。

投资和规划大湾区产业地产时，应重点考虑产业的运营成本及盈利能力。需注意某些产业项目的盈利模式具有不确定性，波动性较大，如影视小镇、体育小镇等。而运营维护成本较高、盈利能力较差的会展场馆和体育场馆等同样是开发商需要慎重对待的。经营大湾区产业项目的另一个关键点是营运及招商，专业的运营一般都包含成熟的设施管理服务和物业管理，甚至还应该具备产业基金、风险投资、项目孵化等服务。在智能经济的时代，智慧楼宇、智慧园区等项目也逐渐成为产业地产的标配。目前，由于产业培育及开发建设周期需要较长时间，湾区的大部分产业地产项目仍处于前期阶段，但有很大的空间在将来成长为具备规模的项目，并进而带动上下游周边产业建构全产业链生态格局。

从企业战略的层次看，大湾区的产业和房地产投资以两者合一为好，或是实行房地产与产业地产的共同运作。与房地产商被动地涉足产业地产相比较，从一开始便做产业地产的企业，因从事这个领域更专注、时间更长，产生了一些有代表性的成功案例，如联东 U 谷、天安数码城、亿达中国等。以产业园区起家的企业，如天安数码城等依托自身产业资源和招商能力，在获得新项目时要求配备商业、住宅、公寓，实现房地产及产业地产联合运作。但以房地产起家的房企或金融地产，在获得住宅用地时，被动地接受产业导入及产业载体开发等指标而做产业地产开发，在理论上合作开发产业项目是最好的，但现实情况往往不尽如人意。

房地产商可以通过旧改项目进入产业地产项目。近些年兴起的城市更新旧改项目，通常具备较好的区位优势，对于擅长与旧工厂企业主及村集体沟通、谈判的房企来说，对此应较为得心应手。获取旧改土地的成本相对较高，因此，政府对此类项目改造后的商业及住宅开发比例会相应调高。这使房企可获取更大的利益空间，并凭借自身招商实力引进城市中心一带的餐饮娱乐、体验式消费商家及写字楼，这将推动旧改区域的繁荣发展。有一些旧城区存在较大旧改机会如白云区石井片区、广州第二 CBD（黄埔港一带）等。房地产企业进入大湾区产业地产领域，一般可通过以下几种途径实现：

一是取得特色小镇项目的开发权，在运作产业地产的同时，还可得到大量的商住用地。

二是通过与产业实体的合作，获得产业土地资源。

三是直接入股或并购较成熟的项目，如碧桂园入股中集产城、万科并购普洛斯等。

因不同于注重物业销售、周转快的传统住宅经营思路，房企转型产业地产需做好长期运营的准备，前期的项目定位是不可忽视的重要一环。产业地产的定位包括客户定位、功能定位、产业定位、产品定位等。就产业定位而言，需要满足政府对高端技术产业的要求，还要符合市场需求，尤其要符合项目开发效益最大化要求。

目前，不少产业项目的定位集中在高端的研发办公、IAB、NEM、服务业等方面。实际上，对于一些配套不足、区位欠佳的项目，可考虑定位制造业等一般产业，虽然这样的产业现在正处于转型升级的阵痛之中，但是不久的将来有可能全面复苏。政府则应考虑发布相关政策鼓励制造型企业的落户，对难以承受较高租金的企业提供一些支持。

粤港澳三地潜力分析之终极投资攻略

粤港澳大湾区涉及的十一座城市分别是香港、广州、深圳、澳门、珠海、佛山、东莞、中山、惠州、肇庆、江门。粤港澳三地是城市能量高聚集地带，拥有港、澳两个省级特别行政区，以及广、深两个副省级城市。其中，香港的经济地位及行政级别都在区内居首位，人口在各城市中名列第五。香港还是全球金融中心，广州为商业和贸易中心，深圳则是科创中心。2017年末在资金总量和GDP等主要指标上，香港排名第一、深圳第二、广州第三。澳门经济总量和人口太少。在这里，三个一线城市香港、深圳、广州都处在珠江口上，港、深、广三大城市各有特点。大湾区的都市群堪称东方之珠，使大湾区IP发出绚丽的光彩。

央行独立公布的金融机构本外币存款余额计算的资金总量，能真实地反映各城市的经济水平。根据2017年大湾区各城市的资金总量，可将这些城市由大至小排列并叙述如下，以反映各城市所具的投资潜力。

香港的资金总量位居第一。香港既是面向全球的世界性城市，又是一个世界金融中心、国际自由港口，同时还是国家的"国际科技创新中心城市"。香港的城市地位，有利于吸引国外技术和资本。香港人口为715.46万人，增长率0.4%。2017年末香港本地生产总值为26626.37亿港元，增长3.8%，按2017年人民币对港元平均汇率1.1552折算，2017年香港GDP为23049.14亿元。深、港GDP尚差611亿元，基本上旗鼓相当。香港的金融行业表现强劲，但经济增长呈弱势。相对而言，深圳以强势的高科技产业，推动经济快速增长，但金融业却不如香港，港、深各有所长，总体来说，两城市均是大湾区的重心。

深圳是大湾区的重心之一。深圳 2017 年底常住人口为 1252.87 万人，增量 62 万人。因为深圳不论是经济增长还是人口增长，都位于全国城市第一位。深圳的金融业居全国第三。深圳经济总量和增速已超过广州，与香港接近。深圳南山科创中心结合前海湾金融资本，发挥着重要的影响，使深圳的城市综合竞争力位居全国第一。深圳的高科技创新能力表现得很强势，区内有华为、腾讯、大疆等高科技巨头。现今全球科学技术是第一生产力，深圳代表了珠三角先进的生产力。深圳市场资源的调配合理到位，企业自主创业环境优越，创新超越能力强，自生造血功能完善，目前是国内效能溢出和周边辐射最强的城市。深圳高科技产业将带动大湾区的增长，使大湾区各地紧密联系在一起。以深圳为核心驱动力，将带动广、深、港高科技创新产业走向国际前端。

广州是大湾区的中心。广州 2017 年底常住人口为 1449.84 万人，增量 45.49 万人。广州还是历史名城，是广东省的政治、文化、贸易中心。广州的南沙处在大湾区几何中心的位置。广州拥有宽阔的发展腹地，花都、从化、南沙等地都有待开发。广州也是国内中心城市，经济建设多有国家级大手笔，发展前景很好，呈后发制人之势。目前来看，广州的发展将使南沙受益最大。佛山是广州市的卫星城，与广州在产业上互相联系和补充，二者同城化步伐加快。佛山经济总量居广东省第三，人口居第四，发展前景被看好。

东莞是信息电子制造全球基地，承接从深圳转移而来的高科技产业，华为公司的终端搬迁到东莞松山湖即是一个例子。东莞的经济总量位于广东第四，人口位于广东第三，城市的竞争力强。东莞还是深圳的卫星城，与深圳高科技产业相互紧密配套。作为深圳西进战略的要地，东莞发展快，前景被看好。澳门和珠海的资金总量分别排在第六、第七位。澳门和珠海是旅游城市。珠海是国内十大宜居城市之一，濒临大海，并与澳门隔海相望。但澳门和珠海人口和经济总量占比目前较小。

惠州的经济总量排在广东省第五位，人口 378 万人，与上述城市相比，显得人气不足，主要承接深圳的人口转移和买房需求以及部分产业转移。惠州也是深圳的卫星城，其城市堪称半城山色半城湖，为国内十大宜居城市之一。作为深圳东进战略的要地，发展后劲大，前景被看好。中山处于粤港澳大湾区的中心地带，得益于广州和深圳的双重辐射，随着深中通道的通车，发展前景被看好。江门和肇庆资金总量分别排在第十、第十一位，这两个城市经济活跃程度较低，但土地储备量大，作为大湾区的大后方，将会是将来产业转移的纵深腹地。

对于在粤港澳大湾区购房的人而言，买房就是买这一城市的发展前景和潜力，即城市价值。对于城市价值选择，先要紧盯人口净增长的城市，避开人口外流城市，人口流动是反映城市经济、社会价值的关键指针。再要看增速快、经济体量大、上市公司多等因素。人口流到哪里，资金就流到哪里，繁荣也会出现在哪里。还要看城市的产业支撑是否强大，尤以高科技创新产业为重要。当然，也要看城市土地的供应量，这会在当地的房价上体现出来。

购房者通过买房将分享到城市发展的红利，如优质的教育资源、社会保障福利、高品质城市规划配套和设施。户口、交通、就业也都是需要考虑的方面，与孩子的成长教育也息息相关。从这一角度来看，大湾区购房投资体现的城市价值，可以由强至弱做如下排列：深圳、广州、东莞、佛山、惠州、中山、珠海。但如果为了养老和休闲，从纯居住的角度出发，水、空气等自然和人文条件就成为考虑的重点。城市宜居的价值由强至弱应做如下排列：惠州、珠海、深圳、中山、肇庆。而大湾区的统一规划，将会使各城市整体前行，各显特色、步调一致。

第 **11** 章

粤港澳大湾区的文化建设

世界文化融合的重要性和公益精神的升级

对于粤港澳大湾区而言，世界文化融合既是国家战略的需要，也是大湾区文化发展和打造湾区 IP 的需要。一直以来，各国湾区就具有面向海洋而形成的天然开放性，国际大湾区如旧金山湾区、纽约湾区、东京湾区等，都在文化融合的基础上，以国际化、开放性、宜居性和创新性为其重要特征。这些湾区都已成为带动全球经济发展的重要增长极和引领技术变革的领头羊。粤港澳大湾区在世界文化融合方面当然也不会例外。

中华文化走出去战略是中国根据国家发展的整体利益、顺应全球经济和文化发展规律而提出的一项综合性的国家战略，包括大湾区在内的中华文化走出去，将为大湾区 IP 价值的增长作出重要贡献。而粤港澳大湾区文化在中华文化中占有重要地位，中华文化走出去也意味着大湾区文化走出去。在深度参与国际文化产业分工与国际文化市场的竞争中，这一战略有着丰富的实践意义和文化内涵，能促进大湾区 IP 的建造，其具体意义有以下几点：

第一，当今合作、和平、发展已成为时代的主题，包括大湾区在内的中华文化走出去能够通过增强文化软实力，提升国家和大湾区形象，可以消除中国威胁论。

第二，在世界舞台上，各民族的文化一旦落后，就意味着综合国力中无形的精神要素不足和缺失，使相应的 IP 价值降低。文化走出去将有助于赢得国际话语权，提高大湾区参与国际体系的能力，以自身优良文化对世界作出新贡献，维护人类文明、文化的多样性。

第三，包括大湾区在内的中华文化，作为东方文化形态的代表，与西方文化不同，可以弥补西方文化思维的不足，提供一种观察世界的东方视野，向世界贡献东方文化智慧，促进世界文化繁荣和人类文明的进步。

第四，在全球化的趋势下，世界范围内的各种思想文化交流、交融、交锋更加明显，这使正在开放中的许多国家文化安全面临着严峻挑战。文化走出去成为中国和粤港澳大湾区维护文化安全的积极对策。

从大湾区引进外资和外来人才的角度看，文化的融合也具有重要意义。因为中西方企业之间具有较大的文化差异，外来企业需要了解自身及当地的企业文化和价值观，在企业内制定文化融合政策，选择企业高管时尤其要找共同点和文化结合点。只有这样，才能使管理体现出企业的领导风格，又有文化黏性，从而在大湾区取得经营的成功。随着"一带一路"走出国门的大湾区企业，也有同样的文化融合需要。

湾区城市的金融地位，也对世界文化的融合提出了要求。在分析许多国际湾的案例后发现，现在公认的旧金山、纽约、东京等湾区中心城市，不仅是地区或国家的金融核心，也是文化中心，具有世界范围的文化融合特点。尤其是世界三大湾区之一的纽约湾区，从 20 世纪的皮草交易港口，已发展成全球金融和文化中心。由此看来，粤港澳大湾区的发展也应该是金融和文化并重，同时具有世界文化融合的特点。

世界文化融合是全球化的一个重要方面。随着全球化的进程，世界文化融合成为一种客观的现象，又预示着 20 世纪 90 年代以来，随着信息技术、网络技术的发展，世界文化融合将呈现不可阻挡的发展趋势。粤港澳大湾区是继纽约湾区、旧金山湾区、东京湾区之后兴起的世界第四大湾区，是中国建设国际级城市群和参与全球竞争的重要空间载体。但与其他三大湾区不同，粤港澳大湾区涵括了两个特别行政区和两种不同的制度与文化，兼容着多元文化价值，在世界文化融合方面应该具有更大的优势。

粤港澳大湾区的建设将带动世界文化融合，并在大湾区引进全球先进文化，而公益文化是其中的一个亮点。公益文化包括公益精神、公益行为、公益方式等，体现在公益事业上。

中国的公益事业有着自己悠久的传统，但在西方文化传统中，其公益精神也是可圈可点的。而从世界历史的角度看，从希腊、罗马的时候开始，就有着社会互助的传统，形成西方文化的一个组成部分。美国的文化表明这一传统随着移民被带到美洲大陆的事实，可以作为典型的例子。美国公益事业于独立战争之后空前发展，包括创立儿童救济机构、组织反奴协会、成立各种收容所、推进劳工的教育、创办医院等，不一而足。第二次世界大战后，通过法律确定捐赠免税，更使许多富人热心于公益事业。例如，比尔·盖茨将全部财产的 54% 投入到公益慈善事业，金额已达到 260 亿美元，还立下死后将 99% 的财富捐献给公益事业的遗嘱；洛克菲勒家族则是连续四代捐款于公益慈善事业，金额超 10 亿美元。

这样的公益文化不仅因着与国际接轨，获得发展的动力，还可通过国家政策的提倡和推动而得以繁荣。公益文化的引入和融合发展，也将在大湾区的全球人文交流及融合发展中扮演着重要角色。因为公益文化的繁荣扩展，将会促进大湾区科学、规范、健康的公益方式和行为，使粤港澳三地的公益事业得到健康发展，促进社会的和谐。由此又将进一步带动全国公益文化的发展。这对在全社会兴起健康的公益意识和行为，提高全民的文化素养，有着不可忽视的重要作用。这种公益精神的升级，意味着高质大湾区 IP 的进一步增值。

粤港澳大湾区的文化特质：人文价值的融汇

粤港澳大湾区在历史、文化、人口、语言上具有同一性，存在着坚实的人文价值链。这使整个大湾区在文化渊源、区域地理、风俗习惯、人文精神上一脉相联，给大湾区 IP 的建构带来一种内在的凝聚力。大湾区各地区和各城市应注重挖掘、融合、利用这一深具优势的人文价值链，以形成湾区人文价值的融汇。当然，大湾区的特色文化以岭南文化为主轴，兼具外域与本土两个相互联系的层面，细分之下包括广府文化、客家文化、滨海文化、华侨文化、雷州文化、潮汕文化等。本身就具有鲜明的多样性特征，构成推动粤港澳大湾区文化繁荣和发展的独特优势。这为以文化多样性为优势打造高质量的文化发展典范预备了条件，也是大湾区以"一国两制"之利打造高质量文化发展形态的重要支撑。而文化的发展伴随着大湾区人文价值的融汇。

文化相融和人文价值的融汇是粤港澳大湾区文化建设的重要一环，由此而促进大湾区 IP 内涵的扩展和增值。在文化发展和融汇的具体过程中，广州的优势是借助其岭南文化的中心地位，在大湾区全面的文化建设中发挥文化影响力和辐射力。这就要求制定文化枢纽的配套设施，以优化资金、人才、知识产权等要素的配置，推动投资领域、政策环境、税赋方面优惠政策的实施，建造高效率的对外传播渠道，进而带动大湾区内所有城市的文化全产业链发展。使广州成为对外文化交流的门户和国际文化枢纽港，集聚了珠三角各城市的文化资源和支持。

为进一步推动大湾区人文价值的融汇，培育和发展其文化特质，还需要配合"一带一路"的建设，使中华文化走出去。人文价值的融汇将包括国际性的内容。这就需要发挥香港文化传播人才的优势。澳门在大湾区的一个文化定位是："以中华文化为主，多元文化并存，作为国际合作交流的基地。"大湾区文化视野下的澳门，目前主营业态发达，但还缺文化自信与创新精神。在这一文化定位的基础上，澳门将形成以珠三角岭南文化为核心，融汇中西文化交流成果的特点。从文化的角度找到自身位置，将使澳门涵括具有近代史意义及现代性含义的由中西文化交融形成的整体观念和开放精神。

在发展大湾区文化的过程中，岭南文化与孙中山文化是构筑湾区人文或文化、实现人文价值融汇的两种基础成分。孙中山文化也是湾区人文建设的重要文化支撑，可以融汇深厚的人文价值。这当然需要整个湾区共同推动，予以落实。中山市尤其可建立较多博物馆、美术馆等，而孙中山的生平事迹、文化理念与革命实践，对大湾区文化特质有直接影响。深度挖掘孙中山文化资源，以孙中山文化带动湾区的文化建设，更具潮流性和时代性，能引起整个粤港澳大湾区的文化共鸣。孙中山文化的特征之一就是融汇性，具有很高的认同度，挖掘利用孙中山文化能深度促进大湾区人文价值的融汇，甚至内地与港澳的文化融汇。

随着"一带一路"的建设和延伸，大湾区原有的以广州为中心的海上丝绸之路文化又进一步兴起，一般简称为海丝文化。这一既新又古老的文化形态在大湾区与岭南文化、孙中山文化相得益彰，共同显现出大湾区文化在时间轴上的发展脉络，也给大湾区 IP 增添了色彩。

粤港澳地区的文化特质，有着务实、包容、平民化的特质，这些特质都与广东的历史文化和地理位置密不可分。这些特质都非常宝贵，在大湾区造就了一代代的名人和先驱，也让广东的经济始终保持在全国前列。而粤港澳大湾区的文化发展和融合需要，大湾区 IP 的打造，都呼唤着大湾区人文价值的融汇。建设大湾区要求在融汇的基础上兴人文、强文化，打造文化繁荣发展的共同家园。这既事关珠三角的发展，也事关让港、澳更好地融入国家发展大局，还事关"一国两制"事业的发展和新实践。

粤港澳大湾区城市建设中的文化自信

要建设世界著名的大湾区，打造独具特色和富于自身价值的大湾区 IP，粤港澳必须在新的时代展现其文化担当。作为城市文化的鲜明符号和民族文化的直观价值部分，城市建筑在某种程度上可以说是体现城市文化厚度的一个标尺。但只有建立了高度的文化自信，才能将文化融入到建筑中，再以建筑传承文化。只有将强烈的文化自信，用于建筑设计和城市空间规划，才能为城市发展描绘美丽蓝图。粤港澳大湾区有着良好的文化基础。坚定文化自信可以让建筑设计师反观自身，用植根于自己血脉中的文化基因，在这片赖以生存的土地上，创造出属于本民族的杰作。

但是，近现代的屈辱历史使中华民族的文化自信受到重创，这就造成城市规划与建筑设计一味地模仿西方，形成跟随西方潮流的普遍现象。大量的标志性建筑往往强调由外国建筑师设计，缺少应有的传统文化内涵。

这些现象也表现在大湾区的当代文化中。必须重建和坚定文化自信，充分肯定自身的文化价值，并积极推动大湾区文化的建设。这样才能使粤港澳大湾区的城市和建筑更有文化特色。而传统文化是大湾区融合和发展的桥梁和纽带。传统文化在每个中国人身上都留下了深刻烙印，影响了中国人的空间表达和审美。由此确立文化自信，不仅将推动中华文化的伟大复兴，还将增强粤港澳大湾区城市发展的向心力。

要繁荣发展大湾区文化，就要坚定对中华文化的自信心，保持对中华文化自觉的高度认同，进一步培植中华文化的沃土。正如习近平总书记所说的："文化自信是更基本、更深沉、更持久的力量。"而且，形势越复杂，不同思想文化之间的交锋越激烈，越要在建设和坚守什么样的文化这一问题上保持清头脑醒，牢固把握中华文化为本的原则，不断提升中华文化在大湾区文化建设中的主体地位。而粤港澳地区诞生的岭南文化、广府文化、华侨文化、滨海文化等，都构成中国传统文化的组成部分，由此确立文化自信，也有利于将粤港澳大湾区建成中国的文化输出窗口，提升和展现大湾区 IP 价值。

可喜的是已经有一些大湾区建筑表现出了自身的文化特色，也显示了文化自信心，这一趋势值得发扬光大。如"中国梦境——深圳湾超级总部"的建筑设计构思，就源于中国山水画体现出的道法自然、天人合一的生活理想。这一设计通过独具特色的建筑形象，让想象的理想空间变为现实，在喧闹都市中造就了"云山深处"。建筑中的各层平台与花园，都可以供人漫步，眺望辽阔的海湾。"中国梦境"在建筑设计上堪称深圳本地原创性建筑设计的典范。另外一个杰出的本地建筑设计是广州市的"水之韵·珠江盛景图"项目，这一设计基于珠江的广府建筑传统和地域文化，打造出了富于传统色彩的现代城市综合体。深圳的甘坑小镇设计是以动漫产业和客家文化元素作为切入点。中山市翠亨国际旅游小镇项目也别具文化特色。这是借孙中山历史文化资源打造的一座岭南风情城，也是一座具有田园生态气息的休闲旅游小镇。汕头市的老城区复兴设计，则充分考虑了近一百年商埠的历史脉络。

为了增添大湾区 IP 的文化内涵，粤港澳大湾区建筑设计要体现中国文化，突出现代生态美学，而不能是一味抄袭模仿。大湾区各地的城市建设者都应该从自身城市寻找到文化灵感，以催生更多代表地方传统文化的作品，让大湾区建筑设计的故事广泛流传。中国建筑师也需要走上国际建筑设计的竞技场。10 年前的珠海大剧院国际建筑方案投标项目，吸引了来自美国、英国、法国、德国、瑞士等国家的机构和 30 余名著名设计师竞标。很多人没有想到，最后获得一等奖的是大湾区建筑设计师的方案。设计师在构思珠海大剧院的时候，首先想到这不仅应该是一个伟大的建筑，而且应该能以建筑的形式描绘珠海这个滨海城市的海洋文化特色。最后，设计师想到了日月贝的造型。当然，这样的自信不是盲目的。建筑师一定要足够了解本土文化，相信自己，才能激发出真正的原创力。

大湾区文化自信的内核，应当包括岭南文化等多种多样的中华优秀传统文化。在发展过程中，湾区城市应该坚持这种文化自信，打造主体多元性和平台多样性的文化交流活动，积极探索大湾区多元文化交流的新型合作模式，多举办跨粤港澳大湾区的文化活动。

精神人文文化的筛选及引导

粤港澳大湾区的融合和建设，必须强化文化因素的支撑。文化因素也是大湾区 IP 的内在价值所在。习近平总书记曾经指出："文化兴、国运兴，文化强、民族强。"强化文化因素的前提，就是精神人文文化的筛选及引导。

首先，大湾区人民同源同根，都植根于中华文化的民族血脉，需要共同高举中华文化的精神标识，共同扬起中华文化的精神风帆。在数千年的历史长河中，中华民族培育和发展了博大精深、独具特色的文化，为中华民族的生生不息、克服困难提供了强大的精神支撑。也正是中华文化，从根本上建造了粤港澳大湾区人民的精神面貌和心理特征，成为大湾区建设最基础、最深层的精神养料，为大湾区IP的建造带来生生不息的内在动力。粤港澳三地人民共同创造的岭南文化等文化形态，本身就是中华文化的重要组成部分，包含着最基本的中华文化基因。地区文化还承载着本地人民的共同记忆、价值倾向和情感体验，将一个地区的人凝结成为有机整体，赋予这一地区鲜活的生命气息。粤港澳大湾区也是如此，大湾区因具有海湾特色的地方文化而成长，孕育出极富竞争力和创造力的湾区经济，使大湾区IP值不断增长，滋养出大湾区人民共同的精神家园。

其次，粤港澳大湾区有着丰富的民间文化资源。从纵向的历史视角来看，大湾区有海洋文化、农耕文化、侨乡文化。从横向的地缘关系看，湾区拥有岭南文化、粤商文化、客家文化等。民间文化资源的内容包括民间艺术、文脉哲理、文化习俗。文化空间资源包括岭南祠堂、厅堂、楼宇、庙宇等。文化名人资源则有孙中山、康有为、梁启超、黄飞鸿、李小龙、叶问等。文化艺术资源又包括岭南画派、粤菜、粤绣、粤艺、粤典（粤语典故）等。文化节庆资源有灯会、岭南花卉等。这就需要整合文化资源，在大战略的指引下，集聚传统文化、高端智造、工业设计、金融服务、经济研究等领域的专家学者，并会集工艺大师、民间艺术家等，形成大湾区的文化软实力。

大湾区精神人文文化的筛选和引导，还要以爱国文化和民俗文化作认同的根基，起到加深粤港澳大湾区三地之间文化融合的作用。而爱国文化和民俗文化又是相互关联的。近现代以来，三地的人民共同投入到民主革命及抗日救亡的历史洪流，又共同经历改革开放和民族复兴的时代浪潮洗礼，在爱国文化的新篇章留下了浓厚的印记，这是值得大书特书的。爱国文化的弘扬，将会加强对大湾区内教育资源的统筹，推动以开放式的观念兴办教育事业，为大湾区吸引各方人才。大湾区的教育部门应当联合编写教材，注重基础教育，向下一代传递爱家、爱国、爱湾区的理念。民俗文化加上爱国文化，将整合大湾区旅游资源，令大湾区内的旅游景点走出国门、走向国际。发展旅游也有利于改造环境，促进人与人之间的互动。

综观国际一流的湾区，无一不焕发出灿烂的文化色彩，存在着精神人文文化的筛选和引导。如旧金山湾区是全球著名的科教文化中心，纽约湾区、东京湾区都以发达的各具特色文化的创意产业而闻名。粤港澳大湾区精神人文文化的筛选及引导，必将使大湾区文化更富于活力，而鲜活的文化将赋予大湾区人民强烈的认同感和自豪感。

大湾区时代下的文化产业融合与创新、创意

文化是一座城市或一个地区的名片和灵魂，而伴随着粤港澳大湾区发展成长应运而生的湾区文化，正在成为大湾区经济的重要软实力。山水相连、同宗同源的粤港澳三地是中国现代流行文化的发源地和先行者，文化产业在经济发展中占有重要地位。其中，岭南文化还是广东改革开放先行一步的内生动力，在海上丝绸之路上扮演着文化纽带的角色。而大湾区文化建设立足文化产业创新发展，将把湾区打造成与北京、上海三足鼎立的文化产业高地，在继承岭南文化精华的基础上振兴文化产业，促进大湾区IP 的增值。

十九大报告提出，文化自信是一个民族、一个国家的发展中更基本、更深沉、更持久的力量。而文化产业能够体现一个民族的文化自信。国家"十三五"规划也指出，2020 年文化产业将成为国民经济支柱性产业。中国是一个文化大国，经过若干年的铺垫，文化产业有了新积累，在模式上也有了新探索。而大湾区文化资源和要素互补性强，要合力推进文化与经济的结合，将多样性资源转化为现实文化产业生产力。具体而言，就是充分发挥珠三角的科技优势和制造优势，香港的专业人才优势、资本优势，澳门面向葡语系地区和国家的区位优势，推动大湾区的文化资源与制造、科技、旅游业、商业等的融合，以及粤港澳三地文化产业的融合，促进新兴产业和业态的发展壮大。粤港澳大湾区的文化领域的融合要求打破地域限

制。各地区、城市应实施一致的思想文化规划，提高文化的相通程度，进行更多交流，共同探讨活动的策划。使文化交流的效率提升，成果更为显著。大湾区的文化产业也需要建立一个良好的机制，就是把会展、联盟、园区、基金、智库五位一体的模式打造出来，真正实现文化和产业相融合。

近年来，中国经济增速虽有所放缓，但文化产业却保持了强劲的增长势头，增速一直高于同期 GDP 增速。文化消费和文化产业作为经济新增长点，在经济发展中发挥着越来越大的作用。2005~2015 年，文化创意产业的名义增加值每年平均升幅达 7.6%，高于同期本地名义生产总值 5.4% 的增幅。文创产业在过去 10 年间对香港就业的意义重大，未来大湾区的形成也是产业结构转型升级与国际化的过程。在这一趋势下，粤港澳合作发展文化创意产业的前景光明。

实际上，湾区经济的重要组成部分之一就是文化产业。粤港澳大湾区应探索建构湾区文化产业带，将丰富的民间艺术资源融入到湾区建设中。从世界范围内的湾区经济看，文化和文化产业是湾区经济软实力的重要体现，而历史积淀成就了湾区的人文价值。

文化产业的建设过程也是中华文化创新传承、发展、创新，并走向世界的过程，这迫切需要港澳地区融入到大湾区建设中，共同深化粤港澳三地文化创新与合作，将多样性的优势转化为创造力优势。这就要求粤港澳三地坚持开放、包容的精神，共同培植有利于创新的文化土壤，将大湾区建成全世界创新、创意人才会集的地区，促进不同文化的交流、交汇和创新。在中华优秀文化的创造性转化和创新性发展上发挥出引领作用，这不仅将促进粤港澳文化产业的融合，还将共同推动中华文化走出去。

粤港澳三地的人文发展，也需要充分利用大湾区内香港、澳门、广州、深圳已形成的创新产业优势和科技创新优势，以此推动文化产业的创意，加强湾区与周边区域、周边国家的活动和合作。而科技与经济的交互必然带来文化的交互。在这一过程中，还可以寻求价值与话语的共识，建立起互相理解与尊重的跨文化人际交流，进一步促进文化产业的融合。因此，大湾区需做好协同创新的工作。区内的高水平科研机构和大学、高科技产业要瞄准全球科技前沿热点和难点，联合共建实验室和协同创新中心，布局面向世界的创新人才合作平台和创新科技合作网络，以达到现代高等教育与现代产业双高地的双轮驱动。科技创新还必将带动产业创意，这是因为创意与创新密切相连。创意本身就是一种创新思维意识，从而进一步挖掘和激活资源组合的方式，进而提高资源价值（IP 值）。

文化产业的转型升级与协同创新发展，是发展文化产业这一重大战略命题的要素。而文化创意产业作为新兴支柱产业的奇迹式腾飞，很有可能是此要素中的亮点。例如，从 2016 年开始，微影视业进入了 3.0 版，出现了网络短视频、网络电视剧、网络综艺、网络大电影等多种形态。据悉，2017 年新上映的网络剧有 206 部，播放量达 833 亿次，在总播放中占到42%，比 2016 年有大幅度的增长。随着短视频逐渐成为潮流，不久的未来将会有一个爆发式发展，从各网络平台的播放数据看，付费收看成为未来网络剧最重要的商业模式。

当然，微影视准入门槛相对较低，没有相应的技术标准，水平也参差不齐。这也造成一些问题，如资源匮乏、上线过于集中、题材类型集中、片量过大、跟风现象严重、收益不稳定等，对目前的微影视形成挑战。看来，微影视的内容必须走精品化路线，不仅网络综艺和网络电影如此，其他网生内容也是这样。

大湾区三地要在加强产业创新合作的基础上，充分利用丰厚的岭南文化、海丝文化底蕴和文化产业资源，在大湾区的核心地带打造一系列"中华文化创新示范区"，每个园区都可结合自身独有优势以发展特色文化创意产业。这不仅将有利于三地文创产业形成合力，还会大大扩展港澳青年一代的就业空间。可在文化部的认可与授牌下，选择历史人文资源丰富、科技文化产业基础好、方便粤港澳三地人员会聚的区域建立示范区，这将是一个充满活力、多元文化交流迸发的文化创新基地，围绕数字化时代的文化发展与大文化产业谋篇布局，促进数字化形态新型的文化产品、文化载体和文字资源要素大量向这一地区汇集。

示范区将以增强创新业态、中华文化凝聚力及引领全球文化产业商业模式为目标，重点展开五大功能的建设：一是打造具有粤港特色的生活文化体验平台。二是重点发展微视频短片的创意制作，积极开展大湾区微影视创意交流、微电影大赛等活动。三是筹办湾区青年喜爱的文化交流活动。四是建造国际水平文化传播人才的培训高地。五是增强数字文化产品的生产和研发。

以大湾区现有人才情况和文化成果来看，必须要重视高端人才的培养集聚，增加高端引领性的文化成果、文化项目的培育和组织，注重文化的继承、发展，以及学术研究。更多地展示文化湾区的艺术研究和创作，提高民族文化对外宣传的高度和深度，达到令人佩服的效果。此外，作为促进人文湾区的一部分，还需要不断加强智库的交流，联合大湾区社科、人文等学科的专家、学者，共同研究文化产业课题，设立奖励机制。还应该疏通文化人才引进的渠道，出台优惠政策吸引人才，使孙中山先生"人尽其才，地尽其利，物尽其用，货畅其流"的理想，在他的家乡粤港澳大湾区得到实现。

尤其要进一步吸收国际一流的文化产业人才，构建文化人才培训基地，进行文化创意的设计传播及 IP 交易等领域的专业培训。通过建立大湾区文化人才的优势，再造大湾区文化产业新辉煌。珠三角地区的文化建设还可以先行一步，筹划建立湾区文化发展基金，借着大湾区的发展，让经济发展支持文化建设，建立湾区文化交流中心、湾区文化研究中心，出资奖励在湾区文化建设上有重大贡献的艺术家。

非遗产业是文化产业的重要部分。粤港澳三地之间需建立互相交流、促进、对接、发展的平台和机制，方便粤港澳政府和民间协调开展非遗传承工作。大湾区各城市、各地区可用融合发展的思路，促进非遗创造性转化。如与职业教育院校、美丽乡村等国家重大战略、文化旅游产业进行融合发展。政府可用优惠政策引导民间资本投资非遗，这将有利于非遗的保护和发展，同时，也有利于文化产业的发展壮大。

大湾区还可以建设粤港澳非遗博览园，以大湾区视野，建造创新性、国际性、标杆性、权威性博览园。再辅以举办各种粤港澳非遗博览会，以展会形式吸引国际、全国各地、粤港澳的相关行业前来参加，宣传粤港澳非遗资源及文化旅游等相关行业，带动大湾区经济发展。

随着粤港澳大湾区建设红利的逐步发酵，湾区城市之间文化产业协作的需求也越来越迫切。在大湾区建设中保持粤港澳三地文化产业优势、提高文化的软实力，需要促进各种形式的文化交流，特别是湾区青年的交流沟通。在这一背景下，为推动文化繁荣兴盛和加强大湾区文化建设，举办粤港澳大湾区流行文化系列活动，以流行文化为切入口，增进粤港澳大湾区青年文化的融合发展，为大湾区 IP 注入活力，促进多元共赢，增强文化认同与社会凝聚力。也以此服务于大湾区的青年人群，占据流行文化高地。具体来说，大湾区的流行文化系列活动，将以流行文化为重点，构建流行文化交流、研究、创作生产、交易及展示四大平台，进一步整合和繁荣区域内新媒体、影视、创意产业、出版等业态。活动以粤港澳大湾区的青年为主体人群，推动湾区青年参与流行文化建设，共同促进大湾区流行文化产业发展和流行文化建设，推进文化产业成为大湾区的支柱产业，以此增进港澳青年的国家认同和文化认同，建造更富于青春活力的大湾区 IP 价值。

打造"人文湾区"，形成人文交流合作的最大公约数

粤港澳大湾区的建设，对粤港澳三地融合，提出了强烈的要求。而在"一国两制"大环境下的融合，实际上要以文化形态的融合为基础，即打造"人文湾区"，以此为公约数，形成三地之间的人文交流合作，进而实现粤港澳大湾区的全面融合。这将在大湾区内以整体的形式打造优质的湾区 IP。从长远看，区域的发展问题，归根到底还是要解决文化发展的问题。粤港澳大湾区同宗同源、山水相连，合作的文化基础原本就已经存在。作为海上丝绸之路发祥地、近现代中国革命策源地、改革开放前沿阵地和"一国

两制"方针的践行地，粤港澳大湾区不只是一个经济合作的平台，也是中华文化传承、创新、发展的前沿，并进一步走向世界。随着粤港澳大湾区建设的发展，大湾区人文交流合作的兴起，也迎来湾区文化建设的窗口期、黄金期和机遇期。

大湾区在未来必将发生一场人文革命，全面吸收人类文明的一切优秀成果，率先共建人类命运共同体，前所未有地增加大湾区 IP 的内涵。而粤港澳大湾区文化交流和文化自信的形成，还能促成在不同的社会制度、法律体系内更好地吸收彼此的人文特质，率先建立大湾区命运共同体，发挥好文化交流的枢纽作用。这样，粤港澳地区不仅能成为世界最大的湾区经济体，还有望成为世界最大的湾区文化综合体。这就在大湾区形成了人文交流合作的最大公约数，甚至这样的合作是全球范围内的，将向全世界展现大湾区 IP 的风采。大湾区人文交流合作的最大公约数表现在以下几个方面：

（1）以文化的共性为公约数，凝聚整个湾区的力量

文化凝聚力的最好黏合剂，对于大湾区的融合具有重要意义。粤港澳大湾区目前存在两种不同的社会制度，尤其需要以大湾区人民共同拥有的文化共性为最大公约数，使湾区人民同心同德、共同奋进。

（2）以文化的同一性为基础，扩大合作力量

粤港澳大湾区人缘相亲、地缘相连、习俗相似、语言相通，具有很高程度的文化同一性。这是推动大湾区跨越彼此的障碍和隔阂、携手合作的重要动力，推动大湾区 IP 迅速地增值。

在改革开放之初，正是因为粤港澳三地的文化同一性，使港澳企业家摒弃种种顾虑，义无反顾地到广东来参与改革开放的实践。港澳两地携手广东，在改革开放中先行一步，开辟了一条金光大道。现在三地人民又一次面临共同建设大湾区的重大使命与机遇，必须继续发扬改革开放中形成的敢闯精神和合作传统，以文化为纽带，共同解决新问题、新困难。三地应该携手研究与宣传共同历史与文化记忆，强化对文化遗产的利用与保护，扩大文化或人文领域的合作，使三地人民的文化同一性得到丰富和巩固。

这就需要三地合作，促进青少年的培养教育，将中国的历史文化、民情国情、岭南传统放在青少年教育的突出位置，保证三地文化的同一性丝丝相连，大湾区建设事业持续不断。

（3）以爱国精神或爱国文化为基准，壮大大湾区建设力量

习近平总书记曾指出，"一国两制"包含中华文化中的"和合"理念，体现的重要精神就是求大同、存大异。大同是爱国、爱港、爱澳，诚心诚意拥护"一国两制"的方针和特区基本法。在此前提下，可有不同意见和主张。建设大湾区一定要高举爱国的旗帜，以此为标准和界限，达到最广泛的团结，凝集最广泛的力量，使粤港澳三地携手共担民族复兴的历史重任，共增湾区人民的福祉。

可见，发展粤港澳大湾区，打造湾区的 IP 价值，既要建造经济湾区，还要建设文化湾区。粤港澳大湾区内的各城市都继承了岭南文化传统，在文化渊源上一脉相承。当然，粤港澳三地由于历史原因也曾出现短暂的分离，各方面的条件也不是完全一样的。这就要求发展湾区，首先要使文化建设在经济建设中发挥重要的作用，共同打造人文或文化共同体。要注重建设与大湾区各地均有深刻联系的孙中山文化。设立研究海洋文化的基地，保护海权，做好海上资源的维护和开发。还要通过渔业文化和海上交通，将大湾区与国际社会相联系，加强全球交流。还要在大湾区发展侨乡文化，形成面向全球传播侨乡文化的文化枢纽。这就能形成人文湾区，产生人文交流合作的最大公约数，推动大湾区交流合作深入开展。人文湾区的建设具有传承性、创新性、融合性，可为大湾区合作发展提供文化动力和良好软环境。

这样，在"一国两制"的框架下，粤港澳三地将形成一股合力，形成人文交流合作的最大公约数，协同打造全球一流大湾区。用中华文化元素凝聚粤港澳三地的民心，促进"湾区意识"与"湾区认同感"的形成。这必将加快大湾区建设的步伐，使大湾区成为代表中华文明走向世界的新起点，大湾区 IP 也将大放异彩。

参考文献

[1] 国世平主编：《粤港澳大湾区规划和全球定位》，广东人民出版社2018年版。

[2] 黄汉权等：《珠海支撑粤港澳大湾区建设的现代产业体系研究》，中国社会科学出版社2017年版。

[3] 林先扬：《粤港澳大湾区城市群经济整合研究》，广东人民出版社2017年版。

[4] 卢文彬：《湾区经济：探索与实践》，社会科学文献出版社2018年版。

[5] 罗天昊：《大国诸城：21世纪中国城市与区域竞争》，浙江大学出版社2012年版。

[6] 马化腾、王晓冰、谈天编：《粤港澳大湾区：数字化革命开启中国湾区时代》，中信出版集团2018年版。

[7] 秦玉才：《粤港澳大湾区融合发展规划研究》，浙江大学出版社2017年版。

[8] 宋丁文：《中国新经济发动机》，深圳特区报，2017年4月18日第C01版。

[9] 王珺、袁俊主编：《粤港澳大湾区建设报告（2018）》，社会科学文献出版社2018年版。

[10] 王廉总撰稿：《粤港澳大湾区：城市群文化特色与发展对标》，花城出版社2018年版。

[11] 冼雪琳：《世界湾区与深圳湾区经济发展战略》，北京理工大学出

版社 2017 年版。

[12] 亚洲金融智库：《粤港澳大湾区金融发展报告（2018 年度）》，金融出版社 2018 年版。

[13] 杨现领、任颐：《粤港澳大湾区 2018 年房地产市场报告》，格致出版社 2018 年版。

[14] 杨柱、谭颖：《区域经济一体化研究：以粤港澳大湾区为例》，社会科学文献出版社 2017 年版。

[15] 雍和明主编：《金融新业态与粤港澳大湾区发展》，东北财经大学出版社 2018 年版。

[16] 曾志敏：《粤港澳大湾区论纲》，华南理工大学出版社 2018 年版。

[17] 张光南等：《粤港澳大湾区可持续发展指数报告》，中国社会科学出版社 2018 年版。

[18] 张光南：《粤港澳服务贸易自由化"负面清单"升级版：清单方案、政策创新、示范基地》，中国社会科学出版社 2018 年版。

附　录

新华社北京 2019 年 2 月 18 日电　中共中央、国务院印发了《粤港澳大湾区发展规划纲要》，并发出通知，要求各地区各部门结合实际认真贯彻落实。

《粤港澳大湾区发展规划纲要》（全文）

目　录

第四章 建设国际科技创新中心

第一节 构建开放型区域协同创新共同体

第二节 打造高水平科技创新载体和平台

第三节 优化区域创新环境

第五章 加快基础设施互联互通

第一节 构建现代化的综合交通运输体系

第二节 优化提升信息基础设施

第三节 建设能源安全保障体系

第四节 强化水资源安全保障

第六章 构建具有国际竞争力的现代产业体系

第一节 加快发展先进制造业

第二节 培育壮大战略性新兴产业

第三节 加快发展现代服务业

第四节 大力发展海洋经济

第七章 推进生态文明建设

第一节 打造生态防护屏障

第二节 加强环境保护和治理

第三节 创新绿色低碳发展模式

第八章 建设宜居宜业宜游的优质生活圈

第一节 打造教育和人才高地

第二节 共建人文湾区

第三节 构筑休闲湾区

第四节 拓展就业创业空间

第五节 塑造健康湾区

第六节 促进社会保障和社会治理合作

第九章 紧密合作共同参与"一带一路"建设

第一节 打造具有全球竞争力的营商环境

第二节 提升市场一体化水平

前　言

粤港澳大湾区包括香港特别行政区、澳门特别行政区和广东省广州市、深圳市、珠海市、佛山市、惠州市、东莞市、中山市、江门市、肇庆市（以下称珠三角九市），总面积5.6万平方公里，2017年末总人口约7000万人，是我国开放程度最高、经济活力最强的区域之一，在国家发展大局中具有重要战略地位。建设粤港澳大湾区，既是新时代推动形成全面开放新格局的新尝试，也是推动"一国两制"事业发展的新实践。为全面贯彻党的十九大精神，全面准确贯彻"一国两制"方针，充分发挥粤港澳综合优势，深化内地与港澳合作，进一步提升粤港澳大湾区在国家经济发展和对外开放中的支撑引领作用，支持香港、澳门融入国家发展大局，增进香港、澳门同胞福祉，保持香港、澳门长期繁荣稳定，让港澳同胞同祖国人民共担民族复兴的历史责任、共享祖国繁荣富强的伟大荣光，编制本规划。

本规划是指导粤港澳大湾区当前和今后一个时期合作发展的纲领性文件。规划近期至2022年，远期展望到2035年。

第一章　规划背景

改革开放以来，特别是香港、澳门回归祖国后，粤港澳合作不断深化实化，粤港澳大湾区经济实力、区域竞争力显著增强，已具备建成国际一流湾区和世界级城市群的基础条件。

第一节 发展基础

区位优势明显。粤港澳大湾区地处我国沿海开放前沿，以泛珠三角区域为广阔发展腹地，在"一带一路"建设中具有重要地位。交通条件便利，拥有香港国际航运中心和吞吐量位居世界前列的广州、深圳等重要港口，以及香港、广州、深圳等具有国际影响力的航空枢纽，便捷高效的现代综合交通运输体系正在加速形成。

经济实力雄厚。经济发展水平全国领先，产业体系完备，集群优势明显，经济互补性强，香港、澳门服务业高度发达，珠三角九市已初步形成以战略性新兴产业为先导、先进制造业和现代服务业为主体的产业结构，2017 年大湾区经济总量约 10 万亿元。

创新要素集聚。创新驱动发展战略深入实施，广东全面创新改革试验稳步推进，国家自主创新示范区加快建设。粤港澳三地科技研发、转化能力突出，拥有一批在全国乃至全球具有重要影响力的高校、科研院所、高新技术企业和国家大科学工程，创新要素吸引力强，具备建设国际科技创新中心的良好基础。

国际化水平领先。香港作为国际金融、航运、贸易中心和国际航空枢纽，拥有高度国际化、法治化的营商环境以及遍布全球的商业网络，是全球最自由经济体之一。澳门作为世界旅游休闲中心和中国与葡语国家商贸合作服务平台的作用不断强化，多元文化交流的功能日益彰显。珠三角九市是内地外向度最高的经济区域和对外开放的重要窗口，在全国加快构建开放型经济新体制中具有重要地位和作用。

合作基础良好。香港、澳门与珠三角九市文化同源、人缘相亲、民俗相近、优势互补。近年来，粤港澳合作不断深化，基础设施、投资贸易、金融服务、科技教育、休闲旅游、生态环保、社会服务等领域合作成效显著，已经形成了多层次、全方位的合作格局。

第二节 机遇挑战

当前，世界多极化、经济全球化、社会信息化、文化多样化深入发展，全球治理体系和国际秩序变革加速推进，各国相互联系和依存日益加深，和平发展大势不可逆转，新一轮科技革命和产业变革蓄势待发，"一带一路"建设深入推进，为提升粤港澳大湾区国际竞争力、更高水平参与国际合作和竞争拓展了新空间。在新发展理念引领下，我国深入推进供给侧结构性改革，推动经济发展质量变革、效率变革、动力变革，为大湾区转型发展、创新发展注入了新活力。全面深化改革取得重大突破，国家治理体系和治理能力现代化水平明显提高，为创新大湾区合作发展体制机制、破解合作发展中的突出问题提供了新契机。

同时，粤港澳大湾区发展也面临诸多挑战。当前，世界经济不确定不稳定性因素增多，保护主义倾向抬头，大湾区经济运行仍存在产能过剩、供给与需求结构不平衡不匹配等突出矛盾和问题，经济增长内生动力有待增强。在"一国两制"下，粤港澳社会制度不同，法律制度不同，分属于不同关税区域，市场互联互通水平有待进一步提升，生产要素高效便捷流动的良好局面尚未形成。大湾区内部发展差距依然较大，协同性、包容性有待加强，部分地区和领域还存在同质化竞争和资源错配现象。香港经济增长缺乏持续稳固支撑，澳门经济结构相对单一、发展资源有限，珠三角九市市场经济体制有待完善。区域发展空间面临瓶颈制约，资源能源约束趋紧，生态环境压力日益增大，人口红利逐步减退。

第三节　重大意义

打造粤港澳大湾区，建设世界级城市群，有利于丰富"一国两制"实践内涵，进一步密切内地与港澳交流合作，为港澳经济社会发展以及港澳同胞到内地发展提供更多机会，保持港澳长期繁荣稳定；有利于贯彻落实新发展理念，深入推进供给侧结构性改革，加快培育发展新动能、实现创新驱动发展，为我国经济创新力和竞争力不断增强提供支撑；有利于进一步深化改革、扩大开放，建立与国际接轨的开放型经济新体制，建设高水平参与国际经济合作新平台；有利于推进"一带一路"建设，通过区域双向开放，构筑丝绸之路经济带和 21 世纪海上丝绸之路对接融汇的重要支撑区。

第二章 总体要求

第一节 指导思想

深入贯彻习近平新时代中国特色社会主义思想和党的十九大精神，统筹推进"五位一体"总体布局和协调推进"四个全面"战略布局，全面准确贯彻"一国两制"、"港人治港"、"澳人治澳"、高度自治的方针，严格依照宪法和基本法办事，坚持新发展理念，充分认识和利用"一国两制"制度优势、港澳独特优势和广东改革开放先行先试优势，解放思想、大胆探索，不断深化粤港澳互利合作，进一步建立互利共赢的区域合作关系，推动区域经济协同发展，为港澳发展注入新动能，为全国推进供给侧结构性改革、实施创新驱动发展战略、构建开放型经济新体制提供支撑，建设富有活力和国际竞争力的一流湾区和世界级城市群，打造高质量发展的典范。

第二节 基本原则

创新驱动，改革引领。实施创新驱动发展战略，完善区域协同创新体系，集聚国际创新资源，建设具有国际竞争力的创新发展区域。全面深化改革，推动重点领域和关键环节改革取得新突破，释放改革红利，促进各类要素在大湾区便捷流动和优化配置。

协调发展，统筹兼顾。实施区域协调发展战略，充分发挥各地区比较优势，加强政策协调和规划衔接，优化区域功能布局，推动区域城乡协调发展，不断增强发展的整体性。

绿色发展，保护生态。大力推进生态文明建设，树立绿色发展理念，坚持节约资源和保护环境的基本国策，实行最严格的生态环境保护制度，坚持最严格的耕地保护制度和最严格的节约用地制度，推动形成绿色低碳的生产生活方式和城市建设运营模式，为居民提供良好生态环境，促进大湾区可持续发展。

开放合作，互利共赢。以"一带一路"建设为重点，构建开放型经济新体制，打造高水平开放平台，对接高标准贸易投资规则，加快培育国际合作和竞争新优势。充分发挥港澳独特优势，创新完善各领域开放合作体制机制，深化内地与港澳互利合作。

共享发展，改善民生。坚持以人民为中心的发展思想，让改革发展成果更多更公平惠及全体人民。提高保障和改善民生水平，加大优质公共产品和服务供给，不断促进社会公平正义，使大湾区居民获得感、幸福感、安全感更加充实、更有保障、更可持续。

"一国两制"，依法办事。把坚持"一国"原则和尊重"两制"差异有机结合起来，坚守"一国"之本，善用"两制"之利。把维护中央的全面管治权和保障特别行政区的高度自治权有机结合起来，尊崇法治，严格依照宪法和基本法办事。把国家所需和港澳所长有机结合起来，充分发挥市场化机制的作用，促进粤港澳优势互补，实现共同发展。

第三节　战略定位

充满活力的世界级城市群。依托香港、澳门作为自由开放经济体和广东作为改革开放排头兵的优势，继续深化改革、扩大开放，在构建经济高质量发展的体制机制方面走在全国前列、发挥示范引领作用，加快制度创新和先行先试，建设现代化经济体系，更好融入全球市场体系，建成世界新兴产业、先进制造业和现代服务业基地，建设世界级城市群。

具有全球影响力的国际科技创新中心。瞄准世界科技和产业发展前沿，加强创新平台建设，大力发展新技术、新产业、新业态、新模式，加快形成以创新为主要动力和支撑的经济体系；扎实推进全面创新改革试验，充分发挥粤港澳科技研发与产业创新优势，破除影响创新要素自由流动的瓶颈和制约，进一步激发各类创新主体活力，建成全球科技创新高地和新兴产业重要策源地。

"一带一路"建设的重要支撑。更好发挥港澳在国家对外开放中的功能和作用，提高珠三角九市开放型经济发展水平，促进国际国内两个市场、两种资源有效对接，在更高层次参与国际经济合作和竞争，建设具有重要影响力的国际交通物流枢纽和国际文化交往中心。

内地与港澳深度合作示范区。依托粤港澳良好合作基础，充分发挥深圳前海、广州南沙、珠海横琴等重大合作平台作用，探索协调协同发展新模式，深化珠三角九市与港澳全面务实合作，促进人员、物资、资金、信息便捷有序流动，为粤港澳发展提供新动能，为内地与港澳更紧密合作提供示范。

宜居宜业宜游的优质生活圈。坚持以人民为中心的发展思想，践行生态文明理念，充分利用现代信息技术，实现城市群智能管理，优先发展民生工程，提高大湾区民众生活便利水平，提升居民生活质量，为港澳居民在内地学习、就业、创业、生活提供更加便利的条件，加强多元文化交流融合，建设生态安全、环境优美、社会安定、文化繁荣的美丽湾区。

第四节　发展目标

到2022年，粤港澳大湾区综合实力显著增强，粤港澳合作更加深入广泛，区域内生发展动力进一步提升，发展活力充沛、创新能力突出、产业结构优化、要素流动顺畅、生态环境优美的国际一流湾区和世界级城市群框架基本形成。

——区域发展更加协调，分工合理、功能互补、错位发展的城市群发展格局基本确立；

——协同创新环境更加优化，创新要素加快集聚，新兴技术原创能力和科技成果转化能力显著提升；

——供给侧结构性改革进一步深化，传统产业加快转型升级，新兴产业和制造业核心竞争力不断提升，数字经济迅速增长，金融等现代服务业加快发展；

——交通、能源、信息、水利等基础设施支撑保障能力进一步增强，城市发展及运营能力进一步提升；

——绿色智慧节能低碳的生产生活方式和城市建设运营模式初步确立，居民生活更加便利、更加幸福；

——开放型经济新体制加快构建，粤港澳市场互联互通水平进一步提升，各类资源要素流动更加便捷高效，文化交流活动更加活跃。

到2035年，大湾区形成以创新为主要支撑的经济体系和发展模式，经济实力、科技实力大幅跃升，国际竞争力、影响力进一步增强；大湾区内市场高水平互联互通基本实现，各类资源要素高效便捷流动；区域发展协调性显著增强，对周边地区的引领带动能力进一步提升；人民生活更加富裕；社会文明程度达到新高度，文化软实力显著增强，中华文化影响更加广泛深入，多元文化进一步交流融合；资源节约集约利用水平显著提高，生态环境得到有效保护，宜居宜业宜游的国际一流湾区全面建成。

第三章　空间布局

坚持极点带动、轴带支撑、辐射周边，推动大中小城市合理分工、功能互补，进一步提高区域发展协调性，促进城乡融合发展，构建结构科学、集约高效的大湾区发展格局。

第一节　构建极点带动、轴带支撑网络化空间格局

极点带动。发挥香港—深圳、广州—佛山、澳门—珠海强强联合的引领带动作用，深化港深、澳珠合作，加快广佛同城化建设，提升整体实力和全球影响力，引领粤港澳大湾区深度参与国际合作。

轴带支撑。依托以高速铁路、城际铁路和高等级公路为主体的快速交通网络与港口群和机场群，构建区域经济发展轴带，形成主要城市间高效连接的网络化空间格局。更好发挥港珠澳大桥作用，加快建设深（圳）中（山）通道、深（圳）茂（名）铁路等重要交通设施，提高珠江西岸地区发展水平，促进东西两岸协同发展。

第二节　完善城市群和城镇发展体系

优化提升中心城市。以香港、澳门、广州、深圳四大中心城市作为区域发展的核心引擎，继续发挥比较优势做优做强，增强对周边区域发展的辐射带动作用。

——香港。巩固和提升国际金融、航运、贸易中心和国际航空枢纽地位，强化全球离岸人民币业务枢纽地位、国际资产管理中心及风险管理中心功能，推动金融、商贸、物流、专业服务等向高端高增值方向发展，大力发展创新及科技事业，培育新兴产业，建设亚太区国际法律及争议解决

服务中心，打造更具竞争力的国际大都会。

——澳门。建设世界旅游休闲中心、中国与葡语国家商贸合作服务平台，促进经济适度多元发展，打造以中华文化为主流、多元文化共存的交流合作基地。

——广州。充分发挥国家中心城市和综合性门户城市引领作用，全面增强国际商贸中心、综合交通枢纽功能，培育提升科技教育文化中心功能，着力建设国际大都市。

——深圳。发挥作为经济特区、全国性经济中心城市和国家创新型城市的引领作用，加快建成现代化国际化城市，努力成为具有世界影响力的创新创意之都。

建设重要节点城市。支持珠海、佛山、惠州、东莞、中山、江门、肇庆等城市充分发挥自身优势，深化改革创新，增强城市综合实力，形成特色鲜明、功能互补、具有竞争力的重要节点城市。增强发展的协调性，强化与中心城市的互动合作，带动周边特色城镇发展，共同提升城市群发展质量。

发展特色城镇。充分发挥珠三角九市特色城镇数量多、体量大的优势，培育一批具有特色优势的魅力城镇，完善市政基础设施和公共服务设施，发展特色产业，传承传统文化，形成优化区域发展格局的重要支撑。建设智慧小镇，开展智能技术应用试验，推动体制机制创新，探索未来城市发展模式。加快推进特大镇行政管理体制改革，在降低行政成本和提升行政效率的基础上不断拓展特大镇功能。

促进城乡融合发展。建立健全城乡融合发展体制机制和政策体系，推动珠三角九市城乡一体化发展，全面提高城镇化发展质量和水平，建设具有岭南特色的宜居城乡。加强分类指导，合理划定功能分区，优化空间布局，促进城乡集约发展。提高城乡基础设施一体化水平，因地制宜推进城市更新，改造城中村、合并小型村，加强配套设施建设，改善城乡人居环境。

第三节　辐射带动泛珠三角区域发展

发挥粤港澳大湾区辐射引领作用，统筹珠三角九市与粤东西北地区生产力布局，带动周边地区加快发展。构建以粤港澳大湾区为龙头，以珠江—西江经济带为腹地，带动中南、西南地区发展，辐射东南亚、南亚的重要经济支撑带。完善大湾区至泛珠三角区域其他省区的交通网络，深化区域合作，有序发展"飞地经济"，促进泛珠三角区域要素流动和产业转移，形成梯度发展、分工合理、优势互补的产业协作体系。依托沿海铁路、高等级公路和重要港口，实现粤港澳大湾区与海峡西岸城市群和北部湾城市群联动发展。依托高速铁路、干线铁路和高速公路等交通通道，深化大湾区与中南地区和长江中游地区的合作交流，加强大湾区对西南地区的辐射带动作用。

第四章 建设国际科技创新中心

深入实施创新驱动发展战略，深化粤港澳创新合作，构建开放型融合发展的区域协同创新共同体，集聚国际创新资源，优化创新制度和政策环境，着力提升科技成果转化能力，建设全球科技创新高地和新兴产业重要策源地。

第一节 构建开放型区域协同创新共同体

加强科技创新合作。更好发挥内地与香港、澳门科技合作委员会的作用，推动香港、澳门融入国家创新体系、发挥更重要作用。充分发挥粤港澳科技和产业优势，积极吸引和对接全球创新资源，建设开放互通、布局合理的区域创新体系。推进"广州—深圳—香港—澳门"科技创新走廊建设，探索有利于人才、资本、信息、技术等创新要素跨境流动和区域融通的政策举措，共建粤港澳大湾区大数据中心和国际化创新平台。加快国家自主创新示范区与国家双创示范基地、众创空间建设，支持其与香港、澳门建立创新创业交流机制，共享创新创业资源，共同完善创新创业生态，为港澳青年创新创业提供更多机遇和更好条件。鼓励粤港澳企业和科研机构参与国际科技创新合作，共同举办科技创新活动，支持企业到海外设立研发机构和创新孵化基地，鼓励境内外投资者在粤港澳设立研发机构和创新平台。支持依托深圳国家基因库发起设立"一带一路"生命科技促进联盟。鼓励其他地区的高校、科研机构和企业参与大湾区科技创新活动。

加强创新基础能力建设。支持重大科技基础设施、重要科研机构和重大创新平台在大湾区布局建设。向港澳有序开放国家在广东建设布局的重大科研基础设施和大型科研仪器。支持粤港澳有关机构积极参与国家科技计划（专项、基金等）。加强应用基础研究，拓展实施国家重大科技项目。支持将粤港澳深化创新体制机制改革的相关举措纳入全面创新改革试验。

加强产学研深度融合。建立以企业为主体、市场为导向、产学研深度融合的技术创新体系，支持粤港澳企业、高校、科研院所共建高水平的协同创新平台，推动科技成果转化。实施粤港澳科技创新合作发展计划和粤港联合创新资助计划，支持设立粤港澳产学研创新联盟。

第二节　打造高水平科技创新载体和平台

加快推进大湾区重大科技基础设施、交叉研究平台和前沿学科建设，着力提升基础研究水平。优化创新资源配置，建设培育一批产业技术创新平台、制造业创新中心和企业技术中心。推进国家自主创新示范区建设，有序开展国家高新区扩容，将高新区建设成为区域创新的重要节点和产业高端化发展的重要基地。推动珠三角九市军民融合创新发展，支持创建军民融合创新示范区。支持港深创新及科技园、中新广州知识城、南沙庆盛科技创新产业基地、横琴粤澳合作中医药科技产业园等重大创新载体建设。支持香港物流及供应链管理应用技术、纺织及成衣、资讯及通信技术、汽车零部件、纳米及先进材料五大研发中心以及香港科学园、香港数码港建设。支持澳门中医药科技产业发展平台建设。推进香港、澳门国家重点实验室伙伴实验室建设。

第三节　优化区域创新环境

深化区域创新体制机制改革。研究实施促进粤港澳大湾区出入境、工作、居住、物流等更加便利化的政策措施，鼓励科技和学术人才交往交流。允许香港、澳门符合条件的高校、科研机构申请内地科技项目，并按规定在内地及港澳使用相关资金。支持粤港澳设立联合创新专项资金，就重大科研项目开展合作，允许相关资金在大湾区跨境使用。研究制定专门办法，对科研合作项目需要的医疗数据和血液等生物样品跨境在大湾区内限定的高校、科研机构和实验室使用进行优化管理，促进临床医学研究发展。香港、澳门在广东设立的研发机构按照与内地研发机构同等待遇原则，享受国家和广东省各项支持创新的政策，鼓励和支持其参与广东科技计划。开展知识产权证券化试点。

促进科技成果转化。创新机制、完善环境，将粤港澳大湾区建设成为具有国际竞争力的科技成果转化基地。支持粤港澳在创业孵化、科技金融、成果转化、国际技术转让、科技服务业等领域开展深度合作，共建国家级科技成果孵化基地和粤港澳青年创业就业基地等成果转化平台。在珠三角九市建设一批面向港澳的科技企业孵化器，为港澳高校、科研机构的先进技术成果转移转化提供便利条件。支持珠三角九市建设国家科技成果转移转化示范区。充分发挥香港、澳门、深圳、广州等资本市场和金融服务功能，合作构建多元化、国际化、跨区域的科技创新投融资体系。大力拓展直接融资渠道，依托区域性股权交易市场，建设科技创新金融支持平台。支持香港私募基金参与大湾区创新型科技企业融资，允许符合条件的创新型科技企业进入香港上市集资平台，将香港发展成为大湾区高新技术产业融资中心。

强化知识产权保护和运用。依托粤港、粤澳及泛珠三角区域知识产权合作机制，全面加强粤港澳大湾区在知识产权保护、专业人才培养等领域的合作。强化知识产权行政执法和司法保护，更好发挥广州知识产权法院等机构作用，加强电子商务、进出口等重点领域和环节的知识产权执法。加强在知识产权创造、运用、保护和贸易方面的国际合作，建立完善知识产权案件跨境协作机制。依托现有交易场所，开展知识产权交易，促进知识产权的合理有效流通。开展知识产权保护规范化市场培育和"正版正货"承诺活动。发挥知识产权服务业集聚发展区的辐射作用，促进高端知识产权服务与区域产业融合发展，推动通过非诉讼争议解决方式（包括仲裁、调解、协商等）处理知识产权纠纷。充分发挥香港在知识产权保护及相关专业服务等方面具有的优势，支持香港成为区域知识产权贸易中心。不断丰富、发展和完善有利于激励创新的知识产权保护制度。建立大湾区知识产权信息交换机制和信息共享平台。

第五章　加快基础设施互联互通

加强基础设施建设，畅通对外联系通道，提升内部联通水平，推动形成布局合理、功能完善、衔接顺畅、运作高效的基础设施网络，为粤港澳大湾区经济社会发展提供有力支撑。

第一节　构建现代化的综合交通运输体系

提升珠三角港口群国际竞争力。巩固提升香港国际航运中心地位，支持香港发展船舶管理及租赁、船舶融资、海事保险、海事法律及争议解决等高端航运服务业，并为内地和澳门企业提供服务。增强广州、深圳国际航运综合服务功能，进一步提升港口、航道等基础设施服务能力，与香港形成优势互补、互惠共赢的港口、航运、物流和配套服务体系，增强港口群整体国际竞争力。以沿海主要港口为重点，完善内河航道与疏港铁路、公路等集疏运网络。

建设世界级机场群。巩固提升香港国际航空枢纽地位，强化航空管理培训中心功能，提升广州和深圳机场国际枢纽竞争力，增强澳门、珠海等机场功能，推进大湾区机场错位发展和良性互动。支持香港机场第三跑道建设和澳门机场改扩建，实施广州、深圳等机场改扩建，开展广州新机场前期研究工作，研究建设一批支线机场和通用机场。进一步扩大大湾区的境内外航空网络，积极推动开展多式联运代码共享。依托香港金融和物流优势，发展高增值货运、飞机租赁和航空融资业务等。支持澳门机场发展区域公务机业务。加强空域协调和空管协作，优化调整空域结构，提高空域资源使用效率，提升空管保障能力。深化低空空域管理改革，加快通用航空发展，稳步发展跨境直升机服务，建设深圳、珠海通用航空产业综合示范区。推进广州、深圳临空经济区发展。

畅通对外综合运输通道。完善大湾区经粤东西北至周边省区的综合运输通道。推进赣州至深圳、广州至汕尾、深圳至茂名、岑溪至罗定等铁路项目建设，适时开展广州经茂名、湛江至海安铁路和柳州至肇庆铁路等区域性通道项目前期工作，研究广州至清远铁路进一步延伸的可行性。有序推进沈海高速（G15）和京港澳高速（G4）等国家高速公路交通繁忙路段扩容改造。加快构建以广州、深圳为枢纽，高速公路、高速铁路和快速铁路等广东出省通道为骨干，连接泛珠三角区域和东盟国家的陆路国际大通道。

构筑大湾区快速交通网络。以连通内地与港澳以及珠江口东西两岸为重点，构建以高速铁路、城际铁路和高等级公路为主体的城际快速交通网络，力争实现大湾区主要城市间1小时通达。编制粤港澳大湾区城际（铁路）建设规划，完善大湾区铁路骨干网络，加快城际铁路建设，有序规划珠三角主要城市的城市轨道交通项目。加快深中通道、虎门二桥过江通道建设。创新通关模式，更好发挥广深港高速铁路、港珠澳大桥作用。推进莲塘/香园围口岸、粤澳新通道（青茂口岸）、横琴口岸（探索澳门莲花口岸搬迁）、广深港高速铁路西九龙站等新口岸项目的规划建设。加强港澳与内地的交通联系，推进城市轨道交通等各种运输方式的有效对接，构建安全便捷换乘换装体系，提升粤港澳口岸通关能力和通关便利化水平，促进人员、物资高效便捷流动。

提升客货运输服务水平。按照零距离换乘、无缝化衔接目标，完善重大交通设施布局，积极推进干线铁路、城际铁路、市域（郊）铁路等引入机场，提升机场集疏运能力。加快广州—深圳国际性综合交通枢纽建设。推进大湾区城际客运公交化运营，推广"一票式"联程和"一卡通"服务。构建现代货运物流体系，加快发展铁水、公铁、空铁、江河海联运和"一单制"联运服务。加快智能交通系统建设，推进物联网、云计算、大数据等信息技术在交通运输领域的创新集成应用。

第二节　优化提升信息基础设施

构建新一代信息基础设施。推进粤港澳网间互联宽带扩容，全面布局基于互联网协议第六版（IPv6）的下一代互联网，推进骨干网、城域网、接入网、互联网数据中心和支撑系统的IPv6升级改造。加快互联网国际出入口带宽扩容，全面提升流量转接能力。推动珠三角无线宽带城市群建设，实现免费高速无线局域网在大湾区热点区域和重点交通线路全覆盖。实现城市固定互联网宽带全部光纤接入。建设超高清互动数字家庭网络。

建成智慧城市群。推进新型智慧城市试点示范和珠三角国家大数据综合试验区建设，加强粤港澳智慧城市合作，探索建立统一标准，开放数据端口，建设互通的公共应用平台，建设全面覆盖、泛在互联的智能感知网络以及智慧城市时空信息云平台、空间信息服务平台等信息基础设施，大力发展智慧交通、智慧能源、智慧市政、智慧社区。推进电子签名证书互认工作，推广电子签名互认证书在公共服务、金融、商贸等领域应用。共同推动大湾区电子支付系统互联互通。增强通信企业服务能力，多措并举实现通信资费合理下降，推动降低粤港澳手机长途和漫游费，并积极开展取消粤港澳手机长途和漫游费的可行性研究，为智慧城市建设提供基础支撑。

提升网络安全保障水平。加强通信网络、重要信息系统和数据资源保护，增强信息基础设施可靠性，提高信息安全保障水平。积极推动先进技术在香港、澳门、广州、深圳等城市使用，促进保密通信技术在政府部门、金融机构等应用。建立健全网络与信息安全信息通报预警机制，加强实时监测、通报预警、应急处置工作，构建网络安全综合防御体系。

第三节 建设能源安全保障体系

优化能源供应结构。大力推进能源供给侧结构性改革，优化粤港澳大湾区能源结构和布局，建设清洁、低碳、安全、高效的能源供给体系。大力发展绿色低碳能源，加快天然气和可再生能源利用，有序开发风能资源，因地制宜发展太阳能光伏发电、生物质能，安全高效发展核电，大力推进煤炭清洁高效利用，控制煤炭消费总量，不断提高清洁能源比重。

强化能源储运体系。加强周边区域向大湾区以及大湾区城市间送电通道等主干电网建设，完善城镇输配电网络，提高电网输电能力和抗风险能力。加快推进珠三角大型石油储备基地建设，统筹推进新建液化天然气（LNG）接收站和扩大已建LNG接收站储转能力，依托国家骨干天然气管线布局建设配套支线，扩大油气管道覆盖面，提高油气储备和供应能力。推进广州、珠海等国家煤炭储备基地建设，建成煤炭接收与中转储备梯级系统。研究完善广东对香港、澳门输电网络、供气管道，确保香港、澳门能源供应安全和稳定。

第四节　强化水资源安全保障

完善水利基础设施。坚持节水优先，大力推进雨洪资源利用等节约水、涵养水的工程建设。实施最严格水资源管理制度，加快制定珠江水量调度条例，严格珠江水资源统一调度管理。加快推进珠三角水资源配置工程和对澳门第四供水管道建设，加强饮用水水源地和备用水源安全保障达标建设及环境风险防控工程建设，保障珠三角以及港澳供水安全。加强粤港澳水科技、水资源合作交流。

完善水利防灾减灾体系。加强海堤达标加固、珠江干支流河道崩岸治理等重点工程建设，着力完善防汛防台风综合防灾减灾体系。加强珠江河口综合治理与保护，推进珠江三角洲河湖系统治理。强化城市内部排水系统和蓄水能力建设，建设和完善澳门、珠海、中山等防洪（潮）排涝体系，有效解决城市内涝问题。推进病险水库和病险水闸除险加固，全面消除安全隐患。加强珠江河口水文水资源监测，共同建设灾害监测预警、联防联控和应急调度系统，提高防洪防潮减灾应急能力。

第六章　构建具有国际竞争力的现代产业体系

深化供给侧结构性改革，着力培育发展新产业、新业态、新模式，支持传统产业改造升级，加快发展先进制造业和现代服务业，瞄准国际先进标准提高产业发展水平，促进产业优势互补、紧密协作、联动发展，培育若干世界级产业集群。

第一节　加快发展先进制造业

增强制造业核心竞争力。围绕加快建设制造强国，完善珠三角制造业创新发展生态体系。推动互联网、大数据、人工智能和实体经济深度融合，大力推进制造业转型升级和优化发展，加强产业分工协作，促进产业链上下游深度合作，建设具有国际竞争力的先进制造业基地。

优化制造业布局。提升国家新型工业化产业示范基地发展水平，以珠海、佛山为龙头建设珠江西岸先进装备制造产业带，以深圳、东莞为核心在珠江东岸打造具有全球影响力和竞争力的电子信息等世界级先进制造业产业集群。发挥香港、澳门、广州、深圳创新研发能力强、运营总部密集以及珠海、佛山、惠州、东莞、中山、江门、肇庆等地产业链齐全的优势，加强大湾区产业对接，提高协作发展水平。支持东莞等市推动传统产业转型升级，支持佛山深入开展制造业转型升级综合改革试点。支持香港在优势领域探索"再工业化"。

加快制造业结构调整。推动制造业智能化发展，以机器人及其关键零部件、高速高精加工装备和智能成套装备为重点，大力发展智能制造装备和产品，培育一批具有系统集成能力、智能装备开发能力和关键部件研发生产能力的智能制造骨干企业。支持装备制造、汽车、石化、家用电器、电子信息等优势产业做强做精，推动制造业从加工生产环节向研发、设计、品牌、营销、再制造等环节延伸。加快制造业绿色改造升级，重点推进传统制造业绿色改造、开发绿色产品，打造绿色供应链。大力发展再制造产业。

第二节 培育壮大战略性新兴产业

依托香港、澳门、广州、深圳等中心城市的科研资源优势和高新技术产业基础，充分发挥国家级新区、国家自主创新示范区、国家高新区等高端要素集聚平台作用，联合打造一批产业链条完善、辐射带动力强、具有国际竞争力的战略性新兴产业集群，增强经济发展新动能。推动新一代信息技术、生物技术、高端装备制造、新材料等发展壮大为新支柱产业，在新型显示、新一代通信技术、5G和移动互联网、蛋白类等生物医药、高端医学诊疗设备、基因检测、现代中药、智能机器人、3D打印、北斗卫星应用等重点领域培育一批重大产业项目。围绕信息消费、新型健康技术、海洋工程装备、高技术服务业、高性能集成电路等重点领域及其关键环节，实施一批战略性新兴产业重大工程。培育壮大新能源、节能环保、新能源汽车等产业，形成以节能环保技术研发和总部基地为核心的产业集聚带。发挥龙头企业带动作用，积极发展数字经济和共享经济，促进经济转型升级和社会发展。促进地区间动漫游戏、网络文化、数字文化装备、数字艺术展示等数字创意产业合作，推动数字创意在会展、电子商务、医疗卫生、教育服务、旅游休闲等领域应用。

第三节　加快发展现代服务业

建设国际金融枢纽。发挥香港在金融领域的引领带动作用，巩固和提升香港国际金融中心地位，打造服务"一带一路"建设的投融资平台。支持广州完善现代金融服务体系，建设区域性私募股权交易市场，建设产权、大宗商品区域交易中心，提升国际化水平。支持深圳依规发展以深圳证券交易所为核心的资本市场，加快推进金融开放创新。支持澳门打造中国—葡语国家金融服务平台，建立出口信用保险制度，建设成为葡语国家人民币清算中心，发挥中葡基金总部落户澳门的优势，承接中国与葡语国家金融合作服务。研究探索建设澳门—珠海跨境金融合作示范区。

大力发展特色金融产业。支持香港打造大湾区绿色金融中心，建设国际认可的绿色债券认证机构。支持广州建设绿色金融改革创新试验区，研究设立以碳排放为首个品种的创新型期货交易所。支持澳门发展租赁等特色金融业务，探索与邻近地区错位发展，研究在澳门建立以人民币计价结算的证券市场、绿色金融平台、中葡金融服务平台。支持深圳建设保险创新发展试验区，推进深港金融市场互联互通和深澳特色金融合作，开展科技金融试点，加强金融科技载体建设。支持珠海等市发挥各自优势，发展特色金融服务业。在符合法律法规及监管要求的前提下，支持粤港澳保险机构合作开发创新型跨境机动车保险和跨境医疗保险产品，为跨境保险客户提供便利化承保、查勘、理赔等服务。

有序推进金融市场互联互通。逐步扩大大湾区内人民币跨境使用规模和范围。大湾区内的银行机构可按照相关规定开展跨境人民币拆借、人民币即远期外汇交易业务以及与人民币相关衍生品业务、理财产品交叉代理销售业务。大湾区内的企业可按规定跨境发行人民币债券。扩大香港与内地居民和机构进行跨境投资的空间，稳步扩大两地居民投资对方金融产品的渠道。在依法合规前提下，有序推动大湾区内基金、保险等金融产品跨境交易，不断丰富投资产品类别和投资渠道，建立资金和产品互通机制。支持香港机构投资者按规定在大湾区募集人民币资金投资香港资本市场，参与投资境内私募股权投资基金和创业投资基金。支持香港开发更多离岸人民币、大宗商品及其他风险管理工具。支持内地与香港、澳门保险机构开展跨境人民币再保险业务。不断完善"沪港通""深港通"和"债券通"。支持符合条件的港澳银行、保险机构在深圳前海、广州南沙、珠海横琴设立经营机构。建立粤港澳大湾区金融监管协调沟通机制，加强跨境金融机构监管和资金流动监测分析合作。完善粤港澳反洗钱、反恐怖融资、反逃税监管合作和信息交流机制。建立和完善系统性风险预警、防范和化解体系，共同维护金融系统安全。

构建现代服务业体系。聚焦服务业重点领域和发展短板，促进商务服务、流通服务等生产性服务业向专业化和价值链高端延伸发展，健康服务、家庭服务等生活性服务业向精细和高品质转变，以航运物流、旅游服务、文化创意、人力资源服务、会议展览及其他专业服务等为重点，构建错位发展、优势互补、协作配套的现代服务业体系。推进粤港澳物流合作发展，大力发展第三方物流和冷链物流，提高供应链管理水平，建设国际物流枢纽。支持澳门加快建设葡语国家食品集散中心。推动粤港澳深化工业设计合作，促进工业设计成果产业化。深化粤港澳文化创意产业合作，有序推进市场开放。充分发挥香港影视人才优势，推动粤港澳影视合作，加强电影投资合作和人才交流，支持香港成为电影电视博览枢纽。巩固提升香港作为国际高端会议展览及采购中心的地位，支持澳门培育一批具有国际影响力的会议展览品牌。深化落实内地与香港、澳门关于建立更紧密经贸关系的安排（CEPA）对港澳服务业开放措施，鼓励粤港澳共建专业服务机构，促进会计审计、法律及争议解决服务、管理咨询、检验检测认证、知识产权、建筑及相关工程等专业服务发展。支持大湾区企业使用香港的检验检测认证等服务。

第四节　大力发展海洋经济

坚持陆海统筹、科学开发，加强粤港澳合作，拓展蓝色经济空间，共同建设现代海洋产业基地。强化海洋观测、监测、预报和防灾减灾能力，提升海洋资源开发利用水平。优化海洋开发空间布局，与海洋功能区划、土地利用总体规划相衔接，科学统筹海岸带（含海岛地区）、近海海域、深海海域利用。构建现代海洋产业体系，优化提升海洋渔业、海洋交通运输、海洋船舶等传统优势产业，培育壮大海洋生物医药、海洋工程装备制造、海水综合利用等新兴产业，集中集约发展临海石化、能源等产业，加快发展港口物流、滨海旅游、海洋信息服务等海洋服务业，加强海洋科技创新平台建设，促进海洋科技创新和成果高效转化。支持香港发挥海洋经济基础领域创新研究优势。在保障珠江河口水域泄洪纳潮安全的前提下，支持澳门科学编制实施海域中长期发展规划，进一步发展海上旅游、海洋科技、海洋生物等产业。支持深圳建设全球海洋中心城市。支持粤港澳通过加强金融合作推进海洋经济发展，探索在境内外发行企业海洋开发债券，鼓励产业（股权）投资基金投资海洋综合开发企业和项目，依托香港高增值海运和金融服务的优势，发展海上保险、再保险及船舶金融等特色金融业。

第七章　推进生态文明建设

牢固树立和践行绿水青山就是金山银山的理念，像对待生命一样对待生态环境，实行最严格的生态环境保护制度。坚持节约优先、保护优先、自然恢复为主的方针，以建设美丽湾区为引领，着力提升生态环境质量，形成节约资源和保护环境的空间格局、产业结构、生产方式、生活方式，实现绿色低碳循环发展，使大湾区天更蓝、山更绿、水更清、环境更优美。

第一节　打造生态防护屏障

实施重要生态系统保护和修复重大工程，构建生态廊道和生物多样性保护网络，提升生态系统质量和稳定性。划定并严守生态保护红线，强化自然生态空间用途管制。加强珠三角周边山地、丘陵及森林生态系统保护，建设北部连绵山体森林生态屏障。加强海岸线保护与管控，强化岸线资源保护和自然属性维护，建立健全海岸线动态监测机制。强化近岸海域生态系统保护与修复，开展水生生物增殖放流，推进重要海洋自然保护区及水产种质资源保护区建设与管理。推进"蓝色海湾"整治行动、保护沿海红树林，建设沿海生态带。加强粤港澳生态环境保护合作，共同改善生态环境系统。加强湿地保护修复，全面保护区域内国际和国家重要湿地，开展滨海湿地跨境联合保护。

第二节　加强环境保护和治理

开展珠江河口区域水资源、水环境及涉水项目管理合作，重点整治珠江东西两岸污染，规范入河（海）排污口设置，强化陆源污染排放项目、涉水项目和岸线、滩涂管理。加强海洋资源环境保护，更加重视以海定陆，加快建立入海污染物总量控制制度和海洋环境实时在线监控系统。实施东江、西江及珠三角河网区污染物排放总量控制，保障水功能，区水质达标。加强东江、西江、北江等重要江河水环境保护和水生生物资源养护，强化深圳河等重污染河流系统治理，推进城市黑臭水体环境综合整治，贯通珠江三角洲水网，构建全区域绿色生态水网。强化区域大气污染联防联控，实施更严格的清洁航运政策，实施多污染物协同减排，统筹防治臭氧和细颗粒物（PM2.5）污染。实施珠三角九市空气质量达标管理。加强危险废物区域协同处理处置能力建设，强化跨境转移监管，提升固体废物无害化、减量化、资源化水平。开展粤港澳土壤治理修复技术交流与合作，积极推进受污染土壤的治理与修复示范，强化受污染耕地和污染地块安全利用，防控农业面源污染，保障农产品质量和人居环境安全。建立环境污染"黑名单"制度，健全环保信用评价、信息强制性披露、严惩重罚等制度。着力解决人民群众关心的环境保护历史遗留问题。

第三节　创新绿色低碳发展模式

挖掘温室气体减排潜力，采取积极措施，主动适应气候变化。加强低碳发展及节能环保技术的交流合作，进一步推广清洁生产技术。推进低碳试点示范，实施近零碳排放区示范工程，加快低碳技术研发。推动大湾区开展绿色低碳发展评价，力争碳排放早日达峰，建设绿色发展示范区。推动制造业智能化绿色化发展，采用先进适用节能低碳环保技术改造提升传统产业，加快构建绿色产业体系。推进能源生产和消费革命，构建清洁低碳、安全高效的能源体系。推进资源全面节约和循环利用，实施国家节水行动，降低能耗、物耗，实现生产系统和生活系统循环链接。实行生产者责任延伸制度，推动生产企业切实落实废弃产品回收责任。培育发展新兴服务业态，加快节能环保与大数据、互联网、物联网的融合。广泛开展绿色生活行动，推动居民在衣食住行游等方面加快向绿色低碳、文明健康的方式转变。加强城市绿道、森林湿地步道等公共慢行系统建设，鼓励低碳出行。推广碳普惠制试点经验，推动粤港澳碳标签互认机制研究与应用示范。

第八章　建设宜居宜业宜游的优质生活圈

坚持以人民为中心的发展思想，积极拓展粤港澳大湾区在教育、文化、旅游、社会保障等领域的合作，共同打造公共服务优质、宜居宜业宜游的优质生活圈。

第一节　打造教育和人才高地

推动教育合作发展。支持粤港澳高校合作办学，鼓励联合共建优势学科、实验室和研究中心。充分发挥粤港澳高校联盟的作用，鼓励三地高校探索开展相互承认特定课程学分、实施更灵活的交换生安排、科研成果分享转化等方面的合作交流。支持大湾区建设国际教育示范区，引进世界知名大学和特色学院，推进世界一流大学和一流学科建设。鼓励港澳青年到内地学校就读，对持港澳居民来往内地通行证在内地就读的学生，实行与内地学生相同的交通、旅游门票等优惠政策。推进粤港澳职业教育在招生就业、培养培训、师生交流、技能竞赛等方面的合作，创新内地与港澳合作办学方式，支持各类职业教育实训基地交流合作，共建一批特色职业教育园区。支持澳门建设中葡双语人才培训基地，发挥澳门旅游教育培训和旅游发展经验优势，建设粤港澳大湾区旅游教育培训基地。加强基础教育交流合作，鼓励粤港澳三地中小学校结为"姊妹学校"，在广东建设港澳子弟学校或设立港澳儿童班并提供寄宿服务。研究探索三地幼儿园缔结"姊妹园"。研究开放港澳中小学教师、幼儿教师到广东考取教师资格并任教。加强学校建设，扩大学位供给，进一步完善跨区域就业人员随迁子女就学政策，推动实现平等接受学前教育、义务教育和高中阶段教育，确保符合条件的随迁子女顺利在流入地参加高考。研究赋予在珠三角九市工作生活并符合条件的港澳居民子女与内地居民同等接受义务教育和高中阶段教育的权利。支持各级各类教育人才培训交流。建设人才高地。支持珠三角九市借鉴港澳吸引国际高端人才的经验和做法，创造更具吸引力的引进人才环境，实行更积极、更开放、更有效的人才引进政策，加快建设粤港澳人才合作示范区。在技术移民等方面先行先试，开展外籍创新人才创办科技型企业享受国民待遇试点。支持大湾区建立国家级人力资源服务产业园。建立紧缺人才清单制度，定期发布紧缺人才需求，拓宽国际人才招揽渠道。完善外籍高层次人才认定标准，畅通人才申请永久居留的市场化渠道，为外籍高层次人才在华工作、生活提供更多便利。完善国际化人才培养模式，加强人才国际交流合作，推进职业资格国际互认。完善人才激励机制，健全人才双向流动机制，为人才跨地区、跨行业、跨体制流动提供便利条件，充分激发人才活力。支持澳门加大创新型人才和专业服务人才引进力度，进一步优化提升人才结构。探索采用法定机构或聘任制等形式，大力引进高层次、国际化人才参与大湾区的建设和管理。

第二节 共建人文湾区

塑造湾区人文精神。坚定文化自信，共同推进中华优秀传统文化传承发展，发挥粤港澳地域相近、文脉相亲的优势，联合开展跨界重大文化遗产保护，合作举办各类文化遗产展览、展演活动，保护、宣传、利用好湾区内的文物古迹、世界文化遗产和非物质文化遗产，支持弘扬以粤剧、龙舟、武术、醒狮等为代表的岭南文化，彰显独特文化魅力。增强大湾区文化软实力，进一步提升居民文化素养与社会文明程度，共同塑造和丰富湾区人文精神内涵。吸收中华优秀传统文化精华，大力弘扬廉洁修身、勤勉尽责的廉洁文化，形成崇廉尚洁的良好社会氛围，共同维护向善向上的清风正气，构建亲清新型政商关系，推动廉洁化风成俗。共同推动文化繁荣发展。完善大湾区内公共文化服务体系和文化创意产业体系，培育文化人才，打造文化精品，繁荣文化市场，丰富居民文化生活。推进大湾区新闻出版广播影视产业发展；加强国家音乐产业基地建设，推动音乐产业发展。加强大湾区艺术院团、演艺学校及文博机构交流，支持博物馆合作策展，便利艺术院团在大湾区内跨境演出。支持新建香港故宫文化博物馆、西九文化区戏曲中心等重点文化项目，增强香港中西合璧的城市文化魅力。支持香港通过国际影视展、香港书展和设计营商周等具有国际影响力的活动，汇聚创意人才，巩固创意之都地位。支持深圳引进世界高端创意设计资源，大力发展时尚文化产业。支持香港、澳门、广州、佛山（顺德）弘扬特色饮食文化，共建世界美食之都。共同推进大湾区体育事业和体育产业发展，联合打造一批国际性、区域性品牌赛事。推进马匹运动及相关产业发展，加强香港与内地在马匹、饲草饲料、兽药、生物制品等进出境检验检疫和通关等方面的合作。

加强粤港澳青少年交流。支持"粤港澳青年文化之旅"、香港"青年内地交流资助计划"和澳门"千人计划"等重点项目实施，促进大湾区青少年交流合作。在大湾区为青年人提供创业、就业、实习和志愿工作等机会，推动青年人交往交流、交心交融，支持港澳青年融入国家、参与国家建设。强化内地和港澳青少年的爱国教育，加强宪法和基本法、国家历史、民族文化的教育宣传。开展青少年研学旅游合作，共建一批研学旅游示范基地。鼓励举办大湾区青年高峰论坛。推动中外文化交流互鉴。发挥大湾区中西文化长期交汇共存等综合优势，促进中华文化与其他文化的交流合作，创新人文交流方式，丰富文化交流内容，提高文化交流水平。支持广州建设岭南文化中心和对外文化交流门户，扩大岭南文化的影响力和辐射力。支持中山深度挖掘和弘扬孙中山文化资源。支持江门建设华侨华人文化交流合作重要平台。支持澳门发挥东西方多元文化长期交融共存的特色，加快发展文化产业和文化旅游，建设中国与葡语国家文化交流中心。鼓励香港发挥中西方文化交流平台作用，弘扬中华优秀传统文化。

第三节　构筑休闲湾区

推进大湾区旅游发展，依托大湾区特色优势及香港国际航运中心的地位，构建文化历史、休闲度假、养生保健、邮轮游艇等多元旅游产品体系，丰富粤港澳旅游精品路线，开发高铁"一程多站"旅游产品，建设粤港澳大湾区世界级旅游目的地。优化珠三角地区"144小时过境免签"政策，便利外国人在大湾区旅游观光。支持香港成为国际城市旅游枢纽及"一程多站"示范核心区，建设多元旅游平台。支持澳门建设世界旅游休闲中心，在澳门成立大湾区城市旅游合作联盟，推进粤港澳共享区域旅游资源，构建大湾区旅游品牌，研发具有创意的旅游产品，共同拓展旅游客源市场，推动旅游休闲提质升级。有序推动香港、广州、深圳国际邮轮港建设，进一步增加国际班轮航线，探索研究简化邮轮、游艇及旅客出入境手续。逐步简化及放宽内地邮轮旅客的证件安排，研究探索内地邮轮旅客以过境方式赴港参与全部邮轮航程。推动粤港澳游艇自由行有效实施，加快完善软硬件设施，共同开发高端旅游项目。探索在合适区域建设国际游艇旅游自由港。支持澳门与邻近城市探索发展国际游艇旅游，合作开发跨境旅游产品，发展面向国际的邮轮市场。支持珠三角城市建设国家全域旅游示范区。促进滨海旅游业高品质发展，加快"海洋-海岛-海岸"旅游立体开发，完善滨海旅游基础设施与公共服务体系。探索以旅游等服务业为主体功能的无居民海岛整岛开发方式。建设贯通潮州到湛江并连接港澳的滨海景观公路，推动形成连通港澳的滨海旅游发展轴线，建设一批滨海特色风情小镇。探索开通澳门与邻近城市、岛屿的旅游路线，探索开通香港-深圳-惠州-汕尾海上旅游航线。

第四节　拓展就业创业空间

完善区域公共就业服务体系，建设公共就业综合服务平台，完善有利于港澳居民特别是内地学校毕业的港澳学生在珠三角九市就业生活的政策措施，扩宽港澳居民就业创业空间。鼓励港澳居民中的中国公民依法担任内地国有企事业单位职务，研究推进港澳居民中的中国公民依法报考内地公务员工作。在深圳前海、广州南沙、珠海横琴建立港澳创业就业试验区，试点允许取得建筑及相关工程咨询等港澳相应资质的企业和专业人士为内地市场主体直接提供服务，并逐步推出更多试点项目及开放措施。支持港澳青年和中小微企业在内地发展，将符合条件的港澳创业者纳入当地创业补贴扶持范围，积极推进深港青年创新创业基地、前海深港青年梦工场、南沙粤港澳（国际）青年创新工场、中山粤港澳青年创新创业合作平台、中国（江门、增城）"侨梦苑"华侨华人创新产业聚集区、东莞松山湖（生态园）港澳青年创新创业基地、惠州仲恺港澳青年创业基地等港澳青年创业就业基地建设。实施"粤港暑期实习计划"、"粤澳暑期实习计划"和"澳门青年到深圳实习及就业项目"，鼓励港澳青年到广东省实习就业。支持香港通过"青年发展基金"等帮助香港青年在大湾区创业就业。支持澳门建设中国与葡语国家青年创新创业交流中心。支持举办粤港、粤澳劳动监察合作会议和执法培训班。

第五节　塑造健康湾区

密切医疗卫生合作。推动优质医疗卫生资源紧密合作，支持港澳医疗卫生服务提供主体在珠三角九市按规定以独资、合资或合作等方式设置医疗机构，发展区域医疗联合体和区域性医疗中心。支持中山推进生物医疗科技创新。深化中医药领域合作，支持澳门、香港分别发挥中药质量研究国家重点实验室伙伴实验室和香港特别行政区政府中药检测中心优势，与内地科研机构共同建立国际认可的中医药产品质量标准，推进中医药标准化、国际化。支持粤澳合作中医药科技产业园开展中医药产品海外注册公共服务平台建设，发展健康产业，提供优质医疗保健服务，推动中医药海外发展。加强医疗卫生人才联合培养和交流，开展传染病联合会诊，鼓励港澳医务人员到珠三角九市开展学术交流和私人执业医务人员短期执业。研究开展非急重病人跨境陆路转运服务，探索在指定公立医院开展跨境转诊合作试点。完善紧急医疗救援联动机制。推进健康城市、健康村镇建设。

加强食品食用农产品安全合作。完善港澳与内地间的食品原产地可追溯制度，提高大湾区食品安全监管信息化水平。加强粤港澳食品安全合作，提升区域食品安全保障水平，建立健全食品安全信息通报案件查处和食品安全事故应急联动机制，建立食品安全风险交流与信息发布制度。保障内地供港澳食品安全，支持港澳参与广东出口食品农产品质量安全示范区和"信誉农场"建设，高水平打造惠州粤港澳绿色农产品生产供应基地、肇庆（怀集）绿色农副产品集散基地。

第六节　促进社会保障和社会治理合作

推进社会保障合作。探索推进在广东工作和生活的港澳居民在教育、医疗、养老、住房、交通等民生方面享有与内地居民同等的待遇。加强跨境公共服务和社会保障的衔接，探索澳门社会保险在大湾区内跨境使用，提高香港长者社会保障措施的可携性。研究建立粤港澳跨境社会救助信息系统，开展社会福利和慈善事业合作。鼓励港澳与内地社会福利界加强合作，推进社会工作领域职业资格互认，加强粤港澳社工的专业培训交流。深化养老服务合作，支持港澳投资者在珠三角九市按规定以独资、合资或合作等方式兴办养老等社会服务机构，为港澳居民在广东养老创造便利条件。推进医养结合，建设一批区域性健康养老示范基地。

深化社会治理合作。深入推进依法行政，加强大湾区廉政机制协同，打造优质高效廉洁政府，提升政府服务效率和群众获得感。在珠三角九市港澳居民比较集中的城乡社区，有针对性地拓展社区综合服务功能，为港澳居民提供及时、高效、便捷的社会服务。严格依照宪法和基本法办事，在尊重各自管辖权的基础上，加强粤港澳司法协助。建立社会治安治理联动机制，强化矛盾纠纷排查预警和案件应急处置合作，联合打击偷渡行为，更大力度打击跨境犯罪活动，统筹应对传统和非传统安全威胁。完善突发事件应急处置机制，建立粤港澳大湾区应急协调平台，联合制定事故灾难、自然灾害、公共卫生事件、公共安全事件等重大突发事件应急预案，不定期开展应急演练，提高应急合作能力。

第九章　紧密合作共同参与"一带一路"建设

深化粤港澳合作，进一步优化珠三角九市投资和营商环境，提升大湾区市场一体化水平，全面对接国际高标准市场规则体系，加快构建开放型经济新体制，形成全方位开放格局，共创国际经济贸易合作新优势，为"一带一路"建设提供有力支撑。

第一节　打造具有全球竞争力的营商环境

发挥香港、澳门的开放平台与示范作用，支持珠三角九市加快建立与国际高标准投资和贸易规则相适应的制度规则，发挥市场在资源配置中的决定性作用，减少行政干预，加强市场综合监管，形成稳定、公平、透明、可预期的一流营商环境。加快转变政府职能，深化"放管服"改革，完善对外资实行准入前国民待遇加负面清单管理模式，深化商事制度改革，加强事中事后监管。加强粤港澳司法交流与协作，推动建立共商、共建、共享的多元化纠纷解决机制，为粤港澳大湾区建设提供优质、高效、便捷的司法服务和保障，着力打造法治化营商环境。完善国际商事纠纷解决机制，建设国际仲裁中心，支持粤港澳仲裁及调解机构交流合作，为粤港澳经济贸易提供仲裁及调解服务。创新"互联网+政务服务"模式，加快清理整合分散、独立的政务信息系统，打破"信息孤岛"，提高行政服务效率。探索把具备条件的行业服务管理职能适当交由社会组织承担，建立健全行业协会法人治理结构。充分发挥行业协会商会在制定技术标准、规范行业秩序、开拓国际市场、应对贸易摩擦等方面的积极作用。加快珠三角九市社会信用体系建设，借鉴港澳信用建设经验成果，探索依法对区域内企业联动实施信用激励和失信惩戒措施。

第二节　提升市场一体化水平

推进投资便利化。落实内地与香港、澳门CEPA系列协议，推动对港澳在金融、教育、法律及争议解决、航运、物流、铁路运输、电信、中医药、建筑及相关工程等领域实施特别开放措施，研究进一步取消或放宽对港澳投资者的资质要求、持股比例、行业准入等限制，在广东为港澳投资者和相关从业人员提供一站式服务，更好落实CEPA框架下对港澳开放措施。提升投资便利化水平。在CEPA框架下研究推出进一步开放措施，使港澳专业人士与企业在内地更多领域从业投资营商享受国民待遇。推动贸易自由化。加快国际贸易单一窗口建设，推进口岸监管部门间信息互换、监管互认、执法互助。研究优化相关管理措施，进一步便利港澳企业拓展内地市场。支持广州南沙建设全球进出口商品质量溯源中心。加快推进市场采购贸易方式试点。落实内地与香港、澳门CEPA服务贸易协议，进一步减少限制条件，不断提升内地与港澳服务贸易自由化水平。有序推进制定与国际接轨的服务业标准化体系，促进粤港澳在与服务贸易相关的人才培养、资格互认、标准制定等方面加强合作。扩大内地与港澳专业资格互认范围，拓展"一试三证"（一次考试可获得国家职业资格认证、港澳认证及国际认证）范围，推动内地与港澳人员跨境便利执业。促进人员货物往来便利化。通过电子化、信息化等手段，不断提高港澳居民来往内地通行证使用便利化水平。研究为符合条件的珠三角九市人员赴港澳开展商务、科研、专业服务等提供更加便利的签注安排。统筹研究外国人在粤港澳大湾区内的便利通行政策和优化管理措施。加强内地与港澳口岸部门协作，扩展和完善口岸功能，依法推动在粤港澳口岸实施更便利的通关模式，研究在条件允许的情况下主要陆路口岸增加旅客出入境自助查验通道，进一步便利港澳与内地居民往来。研究制定港澳与内地车辆通行政策和配套交通管理措施，促进交通物流发展。进一步完善澳门单牌机动车便利进出横琴的政策措施，研究扩大澳门单牌机动车在内地行驶范围；研究制定香港单牌机动车进入内地行驶的政策措施；完善粤港、粤澳两地牌机动车管理政策措施，允许两地牌机动车通过多个口岸出入境。

第三节 携手扩大对外开放

打造"一带一路"建设重要支撑区。支持粤港澳加强合作，共同参与"一带一路"建设，深化与相关国家和地区基础设施互联互通、经贸合作及人文交流。签署实施支持香港、澳门全面参与和助力"一带一路"建设安排，建立长效协调机制，推动落实重点任务。强化香港全球离岸人民币业务枢纽地位，支持澳门以适当方式与丝路基金、中拉产能合作投资基金、中非产能合作基金和亚洲基础设施投资银行（以下简称亚投行）开展合作。支持香港成为解决"一带一路"建设项目投资和商业争议的服务中心。支持香港、澳门举办与"一带一路"建设主题相关的各类论坛或博览会，打造港澳共同参与"一带一路"建设的重要平台。全面参与国际经济合作。依托港澳的海外商业网络和海外运营经验优势，推动大湾区企业联手走出去，在国际产能合作中发挥重要引领作用。积极引导华侨华人参与大湾区建设，更好发挥华侨华人、归侨侨眷以及港澳居民的纽带作用，增进与相关国家和地区的人文交流。加强与世界主要经济体联系，吸引发达国家先进制造业、现代服务业和战略性新兴产业投资，吸引跨国公司总部和国际组织总部落户大湾区。加快引进国际先进技术、管理经验和高素质人才，支持跨国公司在大湾区内设立全球研发中心、实验室和开放式创新平台，提升大湾区对全球资源的配置能力。加强粤港澳港口国际合作，与相关国家和地区共建港口产业园区，建设区域性港口联盟。充分发挥港澳在国家对外开放中的特殊地位与作用，支持香港、澳门依法以"中国香港"、"中国澳门"名义或者其他适当形式，对外签署自由贸易协定和参加有关国际组织，支持香港在亚投行运作中发挥积极作用，支持澳门在符合条件的情况下加入亚投行，支持丝路基金及相关金融机构在香港、澳门设立分支机构。

携手开拓国际市场。充分发挥港澳对外贸易联系广泛的作用，探索粤港澳共同拓展国际发展空间新模式。鼓励粤港澳三地企业合作开展绿地投资、实施跨国兼并收购和共建产业园区，支持港澳企业与境外经贸合作区对接，共同开拓国际市场，带动大湾区产品、设备、技术、标准、检验检测认证和管理服务等走出去。发挥港澳在财务、设计、法律及争议解决、管理咨询、项目策划、人才培训、海运服务、建筑及相关工程等方面国际化专业服务优势，扩展和优化国际服务网络，为企业提供咨询和信息支持。发挥香港国际金融中心作用，为内地企业走出去提供投融资和咨询等服务。支持内地企业在香港设立资本运作中心及企业财资中心，开展融资、财务管理等业务，提升风险管控水平。支持香港与佛山开展离岸贸易合作。支持搭建"一带一路"共用项目库。加强内地与港澳驻海外机构的信息交流，联合开展投资贸易环境推介和项目服务，助力三地联合开展引进来和走出去工作。发挥澳门与葡语国家的联系优势，依托中国与葡语国家商贸合作服务平台，办好中国-葡语国家经贸合作论坛（澳门），更好发挥中葡合作发展基金作用，为内地和香港企业与葡语国家之间的贸易投资、产业及区域合作、人文及科技交流等活动提供金融、法律、信息等专业服务，联手开拓葡语国家和其他地区市场。

第十章　共建粤港澳合作发展平台

加快推进深圳前海、广州南沙、珠海横琴等重大平台开发建设，充分发挥其在进一步深化改革、扩大开放、促进合作中的试验示范作用，拓展港澳发展空间，推动公共服务合作共享，引领带动粤港澳全面合作。

第一节　优化提升深圳前海深港现代服务业合作区功能

强化前海合作发展引擎作用。适时修编前海深港现代服务业合作区总体发展规划，研究进一步扩展前海发展空间，并在新增范围内实施前海有关支持政策。联动香港构建开放型、创新型产业体系，加快迈向全球价值链高端。推进金融开放创新，拓展离岸账户（OSA）功能，借鉴上海自贸试验区自由贸易账户体系（FTA），积极探索资本项目可兑换的有效路径。支持香港交易所前海联合交易中心建成服务境内外客户的大宗商品现货交易平台，探索服务实体经济的新模式。加强深港绿色金融和金融科技合作。建设跨境经贸合作网络服务平台，助力企业走出去开拓国际市场。建设新型国际贸易中心，发展离岸贸易，打造货权交割地。建设国际高端航运服务中心，发展航运金融等现代航运服务业。建设离岸创新创业平台，允许科技企业区内注册、国际经营。支持在有条件的海关特殊监管区域开展保税研发业务。建设国际文化创意基地，探索深港文化创意合作新模式。加强法律事务合作。合理运用经济特区立法权，加快构建适应开放型经济发展的法律体系，加强深港司法合作交流。加快法律服务业发展，鼓励支持法律服务机构为"一带一路"建设和内地企业走出去提供服务，深化粤港澳合伙联营律师事务所试点，研究港澳律师在珠三角九市执业资质和业务范围问题，构建多元化争议解决机制，联动香港打造国际法律服务中心和国际商事争议解决中心。实行严格的知识产权保护，强化知识产权行政保护，更好发挥知识产权法庭作用。建设国际化城市新中心。支持在深圳前海设立口岸，研究加强与香港基础设施高效联通。扩大香港工程建设模式实施范围，推出更多对香港建筑及相关工程业界的开放措施。借鉴香港经验提升城市建设和营运管理水平，建设国际一流的森林城市，突出水城共融城市特色，打造可持续发展的绿色智慧生态城区。引进境内外高端教育、医疗资源，提供国际化高品质社会服务。支持国际金融机构在深圳前海设立分支机构。

第二节　打造广州南沙粤港澳全面合作示范区

携手港澳建设高水平对外开放门户。充分发挥国家级新区和自贸试验区优势，加强与港澳全面合作，加快建设大湾区国际航运、金融和科技创新功能的承载区，成为高水平对外开放门户。合理统筹解决广州南沙新增建设用地规模，调整优化城市布局和空间结构，强化与周边地区在城市规划、综合交通、公共服务设施等方面的一体化衔接，构建"半小时交通圈"。支持广州南沙与港澳合作建设中国企业走出去综合服务基地和国际交流平台，建设我国南方重要的对外开放窗口。共建创新发展示范区。强化粤港澳联合科技创新，共同将广州南沙打造为华南科技创新成果转化高地，积极布局新一代信息技术、人工智能、生命健康、海洋科技、新材料等科技前沿领域，培育发展平台经济、共享经济、体验经济等新业态。支持粤港澳三地按共建共享原则，在广州南沙规划建设粤港产业深度合作园，探索建设粤澳合作葡语国家产业园，合作推进园区规划、建设、开发等重大事宜。在内地管辖权和法律框架下，营造高标准的国际化市场化法治化营商环境，提供与港澳相衔接的公共服务和社会管理环境，为港澳产业转型升级、居民就业生活提供新空间。建设金融服务重要平台。强化金融服务实体经济的本源，着力发展航运金融、科技金融、飞机船舶租赁等特色金融。支持与港澳金融机构合作，按规定共同发展离岸金融业务，探索建设国际航运保险等创新型保险要素交易平台。研究探索在广东自贸试验区内设立粤港澳大湾区国际商业银行，服务大湾区建设发展。探索建立与粤港澳大湾区发展相适应的账户管理体系，在跨境资金管理、人民币跨境使用、资本项目可兑换等方面先行先试,促进跨境贸易、投融资结算便利化。打造优质生活圈。高标准推进广州南沙城市规划建设,强化生态核心竞争力,彰显岭南文化、水乡文化和海洋文化特色,建设国际化城市。积极探索有利于人才发展的政策和机制,加快创建国际化人才特区。提升社会服务水平,为区内居民提供更加便利的条件。

第三节 推进珠海横琴粤港澳深度合作示范

建设粤港澳深度合作示范区。配合澳门建设世界旅游休闲中心,高水平建设珠海横琴国际休闲旅游岛,统筹研究旅客往来横琴和澳门的便利措施,允许澳门旅游从业人员到横琴提供相关服务。支持横琴与珠海保税区、洪湾片区联动发展,建设粤港澳物流园。加快推进横琴澳门青年创业谷和粤澳合作产业园等重大合作项目建设,研究建设粤澳信息港。支持粤澳合作中医药科技产业园发展,探索加强与国家中医药现代化科技产业创新联盟的合作,在符合相关法律法规前提下,为园区内的企业新药研发、审批等提供指导。探索符合条件的港澳和外籍医务人员直接在横琴执业。

加强民生合作。支持珠海和澳门在横琴合作建设集养老、居住、教育、医疗等功能于一体的综合民生项目,探索澳门医疗体系及社会保险直接适用并延伸覆盖至该项目。在符合横琴城市规划建设基本要求的基础上,探索实行澳门的规划及工程监管机制,由澳门专业人士和企业参与民生项目开发和管理。研究设立为澳门居民在横琴治病就医提供保障的医疗基金。研究在横琴设立澳门子弟学校。加强对外开放合作。支持横琴与澳门联手打造中拉经贸合作平台,搭建内地与"一带一路"相关国家和地区的国际贸易通道,推动跨境交付、境外消费、自然人移动、商业存在等服务贸易模式创新。支持横琴为澳门发展跨境电商产业提供支撑,推动葡语国家产品经澳门更加便捷进入内地市场。研究将外国人签证居留证件签发权限下放至横琴。

第四节 发展特色合作平台

支持珠三角九市发挥各自优势,与港澳共建各类合作园区,拓展经济合作空间,实现互利共赢。支持落马洲河套港深创新及科技园和毗邻的深方科创园区建设，共同打造科技创新合作区，建立有利于科技产业创新的国际化营商环境，实现创新要素便捷有效流动。支持江门与港澳合作建设大广海湾经济区，拓展在金融、旅游、文化创意、电子商务、海洋经济、职业教育、生命健康等领域合作。加快江门银湖湾滨海地区开发，形成国际节能环保产业集聚地以及面向港澳居民和世界华侨华人的引资引智创业创新平台。推进澳门和中山在经济、社会、文化等方面深度合作，拓展澳门经济适度多元发展新空间。支持东莞与香港合作开发建设东莞滨海湾地区，集聚高端制造业总部、发展现代服务业，建设战略性新兴产业研发基地。支持佛山南海推动粤港澳高端服务合作，搭建粤港澳市场互联、人才信息技术等经济要素互通的桥梁。

第十一章　规划实施

第一节　加强组织领导

加强对规划实施的统筹指导，设立粤港澳大湾区建设领导小组，研究解决大湾区建设中政策实施、项目安排、体制机制创新、平台建设等方面的重大问题。广东省政府和香港、澳门特别行政区政府要加强沟通协商，稳步落实《深化粤港澳合作推进大湾区建设框架协议》与本规划确定的目标和任务。鼓励大湾区城市间开展多种形式的合作交流，共同推进大湾区建设。

第二节　推动重点工作

中央有关部门要结合自身职能，抓紧制定支持大湾区发展的具体政策和措施，与广东省政府和香港、澳门特别行政区政府加强沟通，坚持用法治化市场化方式协调解决大湾区合作发展中的问题。广东省政府和香港、澳门特别行政区政府要在相互尊重的基础上，积极协调配合，共同编制科技创新、基础设施、产业发展、生态环境保护等领域的专项规划或实施方案并推动落实。国家发展改革委要会同国务院港澳办等有关部门对本规划实施情况进行跟踪分析评估，根据新情况新问题研究提出规划调整建议，重大问题及时向党中央、国务院报告。

第三节　防范化解风险

做好防范化解重大风险工作，重点防控金融风险。强化属地金融风险管理责任，做好重点领域风险防范和处置，坚决打击违法违规金融活动，加强薄弱环节监管制度建设，守住不发生系统性金融风险的底线。广东省要严格落实预算法有关规定，强化地方政府债务限额管理，有效规范政府举债融资；加大财政约束力度，有效抑制不具有还款能力的项目建设；加大督促问责力度，坚决制止违法违规融资担保行为。

第四节　扩大社会参与

支持内地与港澳智库加强合作，为大湾区发展提供智力支持。建立行政咨询体系，邀请粤港澳专业人士为大湾区发展提供意见建议。支持粤港澳三地按照市场化原则，探索成立联合投资开发机构和发展基金，共同参与大湾区建设。支持粤港澳工商企业界、劳工界、专业服务界、学术界等建立联系机制，加强交流与合作。扩大大湾区建设中的公众参与，畅通公众意见反馈渠道，支持各类市场主体共同参与大湾区建设发展。